Immanuel David Mauchart

Phänomene der menschlichen Seele

Eine Materialiensammlung zur künftigen Aufklärung in der Erfahrungsseelenlehre

Immanuel David Mauchart

Phänomene der menschlichen Seele
Eine Materialiensammlung zur künftigen Aufklärung in der Erfahrungsseelenlehre

ISBN/EAN: 9783743497924

Hergestellt in Europa, USA, Kanada, Australien, Japan

Cover: Foto ©Thomas Meinert / pixelio.de

Weitere Bücher finden Sie auf **www.hansebooks.com**

Phänomene
der
menschlichen Seele.

Eine

Materialien-Sammlung

zur

künftigen Aufklärung

in der

Erfahrungs-Seelenlehre

von

Immanuel David Mauchart,
der Weltweisheit Magister.

Stuttgart,
bei Erhard und Löflund,
1789.

Den beeden

edlen Beförderern der Aufklärung

in der

praktischen Seelenlehre

Herrn Professor Abel

in Stuttgart,

und

Herrn Professor Moritz

in Berlin

widmet diese Schrift

zum Zeichen wahrer Hochachtung

der Verfasser.

Vorrede.

So wohl über den Titel dieser Schrift, als über ihren Plan und Anlage muß ich mich hier näher erklären.

Die Bemühungen vieler würdigen Gelehrten haben gegenwärtig die nähere Untersuchung der Eigenschaften unserer Seele und die Erklärung bisher theils noch unerklärbar geschienener, theils zu wenig geachteter Erscheinungen in derselben zum Gegenstand.

Besonders hat Herr Professor Moritz in Berlin durch sein für die Erfahrungs-Seelenkunde angelegtes Magazin nicht nur selbst einen würdigen Anfang in dieser Art des Forschens nach Wahrheit gemacht, sondern auch die Aufmerksamkeit anderer verdienstvollen Gelehrten auf diesen Theil der vorher zwar auf einige bestimmte Grundsäze reduzirten, aber doch immer noch nicht genug bearbeiteten Seelenlehre zu richten gewußt, und gleichsam den Ton zum weitern Forschen darinn angegeben.

Auch verkennt das Publikum, und besonders Wirtemberg die Verdienste nicht, die sich Herr Professor Abel durch seine

Samm-

Sammlung und Erklärung merkwürdiger Erscheinungen aus dem menschlichen Leben um diese Wissenschaft erworben, und wodurch er eben so ein neues und für den Beobachter der menschlichen Seele höchst angenehmes Licht verbreitet hat.

Aber wozu denn nun, — könnte man fragen — diese Materialien-Sammlung, wenn schon so würdige Gelehrten diese Bahn betreten haben, und sie auch vollenden werden? Ich antworte: keineswegs, um mich diesen an die Seite zu stellen, oder in dem schmeichelnden Wahn, als ob durch diese Schrift ebenfalls ein neues, bisher noch unentdecktes Licht aufgesteckt werden würde.

Nein,

Vorrede.

Nein, diß maße ich mir nicht an, und ich denke, selbst der Titel soll diese Versicherung bestätigen. Es sollen nur Materialien seyn, deren eigentliche Bearbeitung ich Gelehrteren überlasse, die aber, wie mir dünkt, einer nähern Beleuchtung nicht ganz unwürdig sind, und die der Psycholog zum tiefern Eindringen in die Natur und das Wesen der menschlichen Seele auch zu untersuchen nöthig hat.

Es scheint, wie auch Herr Professor Abel in der schon angeführten Sammlung ꝛc. sehr wahr bemerkt, man habe sonst auf einige alltägliche und eben deswegen den meisten unbedeutend dünkende Erscheinungen in der menschlichen Seele zu wenig geachtet, die doch öfters tief in ihrer Natur liegen,

Vorrede.

gen, und daher die Aufmerksamkeit des Forschers öfters mehr als die auffallendste Phänomene verdienen, weil sie nicht selten der Grund der wichtigsten Erscheinungen und, wiewohl öfters unerkannte, Motive der bedeutendsten Handlungen werden. Auf solche Erscheinungen aufmerksam zu machen, ist nun die Hauptabsicht dieser Blätter, aus welcher allein ich sie auch zu betrachten, und darnach zu beurtheilen bitte. Ich erwarte erst künftig von gelehrteren Männern die völlige Erklärung der angeführten Erscheinungen, und wenn ich auch hin und wieder einige Bemerkungen zur Erklärung mit eingestreut habe, so sollen diese doch nur Versuch, die Phänomene zu erklären, nicht würkliche Erklärung seyn. Daher der Ti-

Vorrede.

tel: Materialien zur künftigen Aufklärung in der Erfahrungs-Seelenlehre.

Was nun den Plan und die ganze Anlage dieser Schrift betrift, so ist derselbe vorzüglich folgender: Es ist nicht meine Absicht, ein dem Morizischen Magazin ähnliches Werk zu liefern, und diesem an die Seite zu stellen, sondern die gegenwärtige Schrift soll eine von jenem ganz verschiedene Einrichtung bekommen. Es werden daher nicht wie dort, wirkliche Geschichten darein aufgenommen werden, aus welchen alsdann Resultate und Grundsäze hergeleitet würden, sondern sie wird vielmehr nur Beobachtungen von allgemeinen Erscheinungen und Bemerkungen darüber

ent-

Vorrede.

enthalten. Auch soll keine gewise Ordnung in der Folge der Auffäze beobachtet, und dieselbe nicht unter gewise Rubriquen gestellt - sondern in willkührlicher Folge aufgeführt werden, da ohnehin die ganze Absicht des Buchs keine solche Ordnung erfordert.

Diese Beobachtungen werden nun vorzüglich, wie schon gemeldt worden ist, merkwürdige Erscheinungen in der menschlichen Seele zum Gegenstand haben, besonders solche, die entweder unmittelbare Wirkungen der Einbildungskraft sind, oder wenigstens durch Hülfe derselben, des Temperaments ꝛc. erklärt werden können. Dann aber auch Erscheinungen und Bemerkungen im Gebiet des mit der Einbildungskraft so nahe

Vorrede.

nahe verwandten Gedächtnisses und der eigentlich sogenannten Denk- und Vorstellungs-Kraft der menschlichen Seele.

Endlich sollen auch solche nicht ausgeschlossen seyn, welche in die Thelematologie einschlagen, und sich auf die innerliche Moralität gewiser Handlungen beziehen.

Nun sey es mir erlaubt, mich auch noch über einige einzelne Stücke dieser Sammlung zu erklären. Zum vierten Stück gaben mir theils eigene Erinnerungen aus den Jahren meiner ersten Jugend, die Veranlassung, theils besonders eine Abhandlung des Herrn Professor Abels, in der schon mehrmals angeführten Sammlung ꝛc. über das Gefühl des Feyerlichen an Sonn- und Festtägen. In
dem

dem fünften wollte ich besonders an einem auffallenden Beyspiele zeigen, wie und nach welchen Gesezen eine lebhafte Phantasie gewöhnlich zu wirken pflegt. Durch das eilfte wollte ich einen Wink geben, wie etwa auch die gewöhnlichen Sprichwörter psychologisch behandelt werden könnten, und zugleich damit zeigen, daß auch diese zum Theil tief aus der menschlichen Seele hergeholt - zum Theil aber auch noch hie und da einiger Einschränkung bedürfen, und im zwölften eine beinahe allgemeine Beobachtung anführen, die gemeiniglich misverstanden und unrecht ausgelegt wird, zugleich aber auch dabei einige pädagogische Bemerkungen mit einstreuen, die vielleicht hier nicht am unrechten Orte stehen.

Und

Vorrede.

Und hiemit übergebe ich diese Materialien in die Hände des Publikums, dem ich sie zu günstiger Aufnahme empfehle. Ob dieser ersten Sammlung noch mehrere Bändchen nachfolgen dürfen, wird das Urtheil eines vernünftigen Publikums und unbefangener Rezensenten entscheiden.

Schriebs, den 10. Nov. 1787.

Der Verfasser.

Verzeichnis
der
einzelnen Stücke dieser Sammlung.

I. Aussichten in die Zukunft bei den gegenwärtigen Bemühungen der Gelehrten für die Erfahrungs-Seelen-Lehre. S. 1.

II. Ueber einen besondern Nuzen der praktischen Menschen-Kenntniß. S. 27.

III. Ueber den Reiz der Neuheit. S. 39.

IV. Ueber das Feyerliche gewisser Jahrszeiten. S. 69.

V. Bemerkungen über den gewöhnlichen Gang der Phantasie, an einem Beispiele. S. 91.

VI. Untersuchungen über das Vergnügen am Historischen, besonders an Romanen. S. 151.

VII. Ueber das Angenehme in der Erwartung und Zukunft. S. 175.

VIII. Ueber eine besondere lächerliche Art von Nachahmungs-Trieb. S. 199.

IX. Ueber

IX. Ueber eine besondere Ausartung der Ehrbegierde. S. 209.

X. Ueber die Moralität solcher Handlungen, die sich aus natürlichen Trieben erklären lassen. S. 227.

XI. Ueber das Sprichwort: nitimur in vetitum, oder: gestohlen Brod schmeckt gut. S. 291.

XII. Ueber den scheinbaren Hang der Kinder zur Grausamkeit. S. 305.

XIII. Ueber den Grund der Freundschaft, besonders der sogenannten Schul-Freundschaft. S. 321.

XIV. Ueber das Feyerliche der Todten-Aecker, und Leichen-Begängnisse. S. 349.

XV. Ueber das Kriegerische in unsern Spielen. S. 359.

I. Aus-

I.
Aussichten
in
die Zukunft
bei den
gegenwärtigen Bemühungen
der Gelehrten
für die
Erfahrungs-Seelen-Lehre.

A

I.
Aussichten in die Zukunft, bei den gegenwärtigen Bemühungen der Gelehrten für die Erfahrungs-Seelenlehre.

Bei einer jeden Wissenschaft, bei jeder neuen Erfindung, bei jeder Bemühung um die Aufklärung und Berichtigung irgend einer Wahrheit, besonders wenn sie allgemein zu werden anfängt, kann man mit Recht die Frage aufwerfen: Was bringt sie entweder für's allgemeine Beste, oder wenigstens für diesen oder jenen Theil der Menschheit, für Nuzen? Was hat man sich von den weiteren Fortschritten derselbigen zu versprechen? und wird wol einſt das allgemeine Zinarbeiten vieler auf Einen Zweck auch Ein groſes und allgemein nützliches Ganzes zu Stande bringen? Dieſe Fragen iſt jeder zu machen berechtigt, der auch nur für ſich und im Stillen ſolche allgemein werdende Bemühungen um dieſe oder jene Wiſſenſchaft oder Wahrheit beobachtet.

Auch ſind wirklich ſchon viele dergleichen Fragen beſonders über die neuere Entdeckungen und Fortſchritte in der Naturlehre von Verſtändigen und Unverſtändigen aufgeworfen worden, und noch mehr ſind ihrer über die gegenwärtige Bemühungen ſo vieler würdiger Männer um die Erziehungskunſt geſchehen.

Unüberlegte Einwürfe unverſtändiger Leute gehören nun freilich nicht unter die Klaſſe derer, auf die man beſondere Aufmerkſamkeit zu richten nöthig hätte: gegründeten und gut gemeinten Fragen und Einwendungen hingegen, die von Verſtändigen herrühren, iſt man immer Achtung und aufrichtige Beantwortung ſchuldig.

Mit

für die Erfahrungs-Seelen-Lehre. 5

Mit eben dem Recht kann man nun auch bei den gegenwärtigen Bemühungen der Gelehrten um die Erfahrungs-Seelen-Lehre die nemliche Frage aufwerfen. Was nüzen sie? und was können wir uns auf die Zukunft davon versprechen? Und ich glaube, kühn behaupten zu dürfen: viel, sehr viel, und im ganzen einen ausgebreiteten Nuzen.

Wenn man unser gegenwärtiges Jahrhundert mit den vorhergehenden vergleicht, so muß man in der That erstaunen, welche große Fortschritte der menschliche Forschgeist durch die uns angebohrne Wißbegierde in jeder Art von Erkenntniß gemacht hat, und nun wie viel weiter man in allen Wissenschaften gekommen ist. Man betrachte z. B. einmal den Zustand der Naturlehre in den vorigen Jahrhunderten in Vergleichung mit dem jezigen. Wie ganz gering und unbeträchtlich war die Masse physikalischer Kenntnisse in den vorigen, und wie gros und beträchtlich im jezigen! Wie viele vormals ganz unerklärbare Erscheinungen in der Natur, die nun durch den Scharfſinn der Naturforſcher unſers Jahrhunderts enträthſelt ſind!

Wie oft mußte die Eingeſchränktheit des menſchlichen Wiſſens bei ſolchen Erklärungen zu der ſogenannten fuga vacui ihre Zuflucht nehmen, die nun ſelbſt der Anfänger belacht! Wie ſchwankend und unbeſtimmt war vor Newton, Lambert und Euler die Theorie des Lichts und der Farben, und wie viel deutlicher jezt! Wie wenig wußte man ehemals in der Lehre von der Elektrizität und den Meteoren, und wie ſchön hat man nun dieſe beide Kapitel eins durchs andere zu erklären gewußt!

Das nemliche bemerkt man auch in der Arzneikunde. Wie gros war vormals das Regiſter der Krankheiten, die für unheilbar gehalten wurden, und auf wie wenige iſt es jezt zurück gebracht! Welche ganz neue Entdeckungen in der Anatomie nach allen ihren Theilen und in der Kenntniß der Heilmittel haben wir den Bemühungen der Gelehrten in unſerm Jahrhundert zu danken! Und ſo würde ſich die nemliche Beobachtung in manchen andern Theilen der Gelehrſamkeit machen laſſen,

wenn

wenn man, was ich, um Weitläuftigkeit zu vermeiden, hier unterlasse, sie alle der Reihe nach, mit ihrem Zustand in den vorigen Jahrhunderten vergleichen wollte.

Besonders scheint sich der Geist unsers Jahrhunderts durch **gemeinnüzige Erfindungen und Arbeiten** auszuzeichnen. Man arbeitet mehr für das Volk, und sucht auch diese Klasse von Menschen auf eine höhere Stufe der Erkenntnis zu versezen, und auch die Erfindungen neuerer Zeiten haben meistens gemeinnüzige Werke zum Gegenstand. Man erinnere sich, um nur Ein Beispiel anzuführen, an die so allgemein nüzliche Erfindung der Bliz-Ableiter. Wie unbekannt waren sie noch vor wenigen Jahrzehenden, und wie wenig allgemein angewandt noch vor wenigen Jahren! Theils Aberglaube, theils Unerfahrenheit in der Naturkunde hatten die allgemeine Einführung derselben bisher immer noch gehindert, nun aber sehen wir allgemein unsere Häuser vor den schädlichen Wirkungen des Blizes durch sie gesichert.

So ist man auch in der Seelen-Lehre, die vorher gleichsam öde zu liegen schien, durch nähere Untersuchungen weiter gekommen: man hat theils neue Erscheinungen entdeckt, auf die man vorher nicht genug aufmerksam war, theils weiß man nun vorher schon bekannte Erscheinungen leichter und gewiser zu erklären, und noch arbeitet ein groser Theil würdiger Gelehrten an der weitern Aufklärung dieser Wissenschaft. Ja man begnügt sich nun nicht mehr blos mit dem theoretischen Theil derselben, sie wird nun praktisch behandelt, und erlangt eben dadurch einen grösern Grad von Gemeinnüzigkeit, um so mehr, da sie nach ihrem praktischen Theil in so genauer Verbindung mit der Erziehungs-Lehre steht. Wenn nun die gegenwärtige Bemühungen der Gelehrten um die Erfahrungs-Seelen-Lehre so fortgesezt werden, wie sie angefangen wurden: wer sollte da nicht frohe Aussichten auf die Zukunft hegen, wer nicht mit der Hoffnung sich schmeicheln, daß einst die kommende Zeit, wann sie die Resultate aus den jezigen Untersuchungen wird gesammlet haben, ein ganz

neues,

für die Erfahrungs-Seelen-Lehre.

neues, bisher noch entferntes, jezt dämmerndes, dann aber hellleuchtendes Licht über den ganzen Umfang dieser Wissenschaft bekommen werde?

Ohne im geringsten etwas zu übertreiben, kann man sich von der weiteren sorgfältigen Bearbeitung der Seelen-Lehre einen ganz allgemeinen, die ganze Menschheit interessirenden Nuzen versprechen. Erscheinungen in der menschlichen Seele, die man bisher entweder gar nicht, oder nur durch Mitwirkung höherer Geister zu erklären wußte, fängt man nun an, ganz natürlich aus den Grundgesezen, nach welchen die Aeusserungen unserer Vorstellungs- und Einbildungskraft erfolgen, zu erklären; Erscheinungen, die man sonst gar nicht bemerkte, fängt man nun an, mit aufmerksamerem Auge zu betrachten, und zieht den Vortheil daraus, daß man aus mehreren dergleichen Resultate herleiten kann, welche tief in die Natur unserer Seele blicken lassen; und schon sehe ich mit Vergnügen im Geiste voraus, wie die künftige Nachwelt ohne Mühe eine jede Erscheinung in der Geister-Welt zu erklären wissen, und vielleicht über unsere Unwissenheit lachen wird, so wie wir über die unserer Vorfahren jezt lachen; weil ihr kein Phänomen mehr unerklärbar seyn wird, worüber zwar wir noch nicht völligen Auffschluß haben, zu dessen gänzlicher Erklärung aber doch unsere Zeitgenossen der spätern Nachwelt den Weg bahnten.

Und was wird nun die erste gemeinnüzige Folge davon seyn? Offenbar der völlige Sturz des Aberglaubens. Aberglauben rührt vorzüglich von Unerfahrenheit in der Naturkunde, und Unkenntnis der Seelen-Lehre her. Je mehr Licht also, desto mehr mus die Finsterniß weichen. Schon in unsern Tagen haben zur Ehre der menschlichen Vernunft, durch fleißige Beobachtungen und unermüdetes Wandern in dem weiten und fruchtbaren Gebiete der Einbildungskraft Geister- und Gespenster-Erscheinungen ihren Abschied bekommen, und man hat ihre ganz natürliche Ursachen entdeckt, aber noch ists nicht im ganzen Feld helle, noch herrscht hie und da mit eisernem Stab das Reich der Finsterniß, noch

sind

für die Erfahrungs-Seelen-Lehre. 11

sind, hin und wieder selbst sonst aufgeklärte Männer mit einigen aberglaubischen Vorurtheilen befangen in den subtileren Theilen der Seelen-Lehre; aber einst wirds heller! Einst nach längerem Arbeiten und Forschen, nach längerer und genauerer Untersuchung des edlen Wesens, das in uns wohnt, wird die Aufklärung auch darüber allgemeiner werden, Nacht und Nebel werden verschwinden, und ein allgemeines Licht wird sich über den ganzen Erdboden verbreiten, man wird Aberglauben und Vorurtheile in der Geister-Lehre nur noch dem Namen nach kennen.

Denn die alsdann ganz bestimmte und allgemein bekannte Geseze der Einbildungskraft, der bisherigen fruchtbaren Mutter des Aberglaubens, werden eben diese in der That edle und wohlthätige Kraft der menschlichen Seele zur Wiederbringerin der gesunden, gereinigten und vom Nebel der Vorurtheile befreiten Vernunft erheben.

Ist aber einmal der Nebel des Aberglaubens und der damit verbundenen Vorurtheile zerstreuet, welch allgemeiner Nuzen für die

12 I. Aussichten in die Zukunft,

Menschheit! So wie er weg ist, so werden alsdann auch gemeinnüzige Kenntnisse, welche der Aberglaube und die Vorurtheile bisher verdrängten, um so leichter und weiter verbreitet werden können a). Kenntnisse und Erfahrungen, die bisher nur in dem kleinen Bezirk der Gelehrten und Vorurtheils = freien Menschen Eingang fanden, werden alsdann auch unter der niedrigern Volks = Klasse, welche bisher noch vom Licht der Wahrheit zu weit entfernt war, als daß sie Sinn für dieselbige hätte haben können, allgemein anerkannt werden, sie werden sich selber wundern, wie sie bisher gleichsam so mit Blindheit geschlagen seyn konnten; und diese neuverbreitete Kenntnisse werden die nothwendige Folge haben, daß jede Klasse von Menschen auf eine verhältnißmässig höhere, und zwar gerade auf
eine

a) Beispiele von solchen sehe man in der Abhandlung vom Nuzen der Menschen = Kenntniß, die vor Herrn Professor Abels Sammlung und Erklärung merkwürdiger Erscheinungen aus dem menschlichen Leben voran steht. S. XV. ff.

eine solche Stufe von Aufklärung gesezt werden wird, die ihrem Wirkungskreis angemessen ist, und die sie also wirklich weiser, besser, und mithin auch glücklicher macht. Selbst die Erziehung der niederern Stände wird dadurch vollkommener und von Vorurtheilen gereinigter werden, weil sie mehr auf Erfahrung und Kenntniß der menschlichen Seele und ihrer Kräfte und Anlagen gegründet, und mehr mit ihr in Verbindung gesezt werden wird. Ja selbst das gröste Hindernis, das der Aufklärung und Besserung des Volks jezt noch im Wege steht, wird dann eben dadurch gehoben seyn, ich meine das, daß diese Menschen-Klasse sich so schwer davon überzeugen läßt, daß das, was man zu ihrer Aufklärung thut, zu ihrem eigenen Besten geschehe; und die Aufklärung und Besserung wird also mit desto schnellerem Wachsthum zu ihrer gänzlichen Vollkommenheit reifen. Und welche grose Masse von Kenntnissen kann alsdann dadurch allgemein verbreitet werden!

Einer der vorzüglichsten Nuzen aber der gegenwärtigen Bemühungen um Aufklärung in der Erfahrungs-Seelen-Lehre, wird die Beförderung der Selbst-Kenntnis seyn. Was man sich für Vortheil von der Selbst-Kenntnis versprechen könne, bedarf wol keiner weitläufftigen Auseinandersezung. Welchen Einfluß auf die Moralität, welche Wirkungen auf den Fleiß in der Besserung sie habe, was für ein wirksames Mittel zur Ablegung dieser, und zur Bewahrung vor jenen Fehlern und Schwachheiten sie sey, wie schnell und leicht und sicher sie die Ausbildung des Verstandes und der übrigen Seelenkräfte befördere, liegt zu hell am Tage, als daß es weiter bewiesen werden dürfte. Daß aber durch die gegenwärtige Bemühungen der Gelehrten um die Erfahrungs-Seelen-Lehre Selbst-Kenntnis befördert werde, scheint mir eben so unwidersprechlich erwiesen zu seyn. Indem man dahin arbeitet, die Grundkräfte der menschlichen Seele und die Geseze ihrer Vorstellungs- und Willens-Kraft tiefer zu ergründen, indem so manches Product dieser Bemühungen das γνωθι σαυτον selbst an der Stirne trägt: so wird dadurch jeder, der auf diese

diese Bemühungen auch nur in etwas aufmerksam ist, an sein eigenes Jch erinnert, und zu Beobachtungen über sich selbst, die schon der erste und fruchtbare Anfang der Selbst-Kenntnis sind, geleitet.

Allein diese allgemeine Vortheile sind nicht die einzigen, die man sich auf die Zukunft von der weiteren Aufklärung der Seelenlehre versprechen kan; jeder der verschiedenen Stände in der Welt wird seinen eigenen Nuzen daraus ziehen. Der Prediger, der Arzt, der Richter, der Erzieher wird sich der Aufklärung freuen, und durch sie seinen Berufs-Geschäfften einen höhern Grad von Vollkommenheit geben können, als sie ohne dieselbige hatten. Es ist offenbar, daß je mehr jezt die Seelenlehre, besonders die praktische, bearbeitet wird, das Studium derselben je länger, desto allgemeiner werden wird, und ich glaube, kühn behaupten zu dürfen, daß einst in kommenden Zeiten ein groser Theil der Menschen, ein weit gröserer wenigstens als jezt, das Studium der Seelen-Lehre zu einem seiner Lieblings-Studien machen, und es so viel möglich

lich mit seinen Berufs-Arbeiten in Verbindung sezen werde; und welchen glüklichen Einfluß dieses alsdann auf dieselbige haben könne, ist leicht zu entscheiden.

Der Prediger und Seelsorger wird das Studium der Seelen-Lehre so wohl im öffentlichen Vortrage, als bei der Privat-Seelsorge vortrefflich nuzen können, und diß um so mehr und leichter, als ihm durch die Bemühungen der Gelehrten schon vorgearbeitet ist. Beim öffentlichen Vortrage wird er, wenn er Psycholog ist, und die Kräfte der Seele nebst den verschiedenen Aeusserungen ihrer Vorstellungs- und Willens-Kraft fleißig studirt, besser aus Herz reden können. Indem er das allgemeine Studium der Seelen-Lehre treibt, wird er sich gewöhnen, auch die besondere Karaktere seiner Zuhörer mit einem Forschers-Auge zu beobachten, und indem er sich daran gewöhnt, wird er aus denselbigen sich abstrahiren können, was für Bewegungs-Gründe zur Tugend, und Abhaltungs-Gründe vom Laster die würksamste bei ihnen seyn würden; er wird durchs Studium der Seelen-
Lehre

lehre zum Beobachtungs-Geiste gewöhnt, jede Erfahrung, die er von der Wirkung seines Vortrages macht, besser nuzen und Grundsäze darauf bauen, die zu immer höherer Vervollkommung desselbigen abzwecken und würklich beitragen werden. Er wird ferner leichter voraussehen können, welche Wirkung diese oder jene Materie, so oder anderst vorgetragen, auf seine Zuhörer haben kann, und also Wahl und Vortrag und Zeit und Ort darnach bestimmen. Und was Kenntniß der menschlichen Seele besonders beim katechetischen Vortrag für grose Vortheile bringe, läßt sich eben so leicht begreifen.

Bei der Privat-Seelensorge wird er sich durchs Studium der Seelen-Lehre gewöhnen, sich immer ganz in die individuelle Lage eines jeden hineinzudenken, sich selbst zu fragen: was würde ich in dem Falle, worinn sich dieser oder jener, den ich nun vor mir habe, befindet, thun? wie würde ich handeln? oder was für Beweggründe mag dieser oder jener gehabt haben, so und nicht anders zu handeln? Er wird den Heuchler von dem

Aufrichtigen viel leichter zu unterscheiden wissen; er wird durch diese Selbst-Versezung in die Stelle eines andern leichter errathen können, was bei dem Bekümmerten für Trostgründe, was bei dem muthwilligen Sünder für Mittel, ihn lebhaft zu erschüttern, was bei dem Rechtschaffenen für Gründe ihn im Tugend-Fleis zu erhalten und zu stärken, die beste Wirkung thun; wie der Heuchler am leichtesten beschämt und zur Erkenntnis gebracht werden könne, daß er mit seiner Heuchelei weder vor Gott noch Menschen sich hinaus zu helfen vermöge; was überhaupt bei jedem Individuum für seine Lage am schicklichsten und wirksamsten seyn werde.

Und was das für glückliche Folgen für seine ganze Amtsführung haben könne, ligt am Tage.

Eben so grose Vortheile fliessen auch aus der weitern Bearbeitung der Erfahrungs-Seelen-Lehre für den Arzt. Es ist bekannt, daß wenn der Körper leidet, die Seele auch ihren Antheil daran hat, und umgekehrt, das Studium der körperlichen Heilkunde muß also

noth-

nothwendig auch mit dem Studium der Seelen-Heilkunde verbunden seyn, und der Arzt, der nicht Arzt und Psycholog zugleich ist, ist weiter nichts als Stümper.

Daraus folgt nun nothwendig: erstlich, daß je gröser die Kenntnisse des Arztes in der Seelen-Lehre sind, desto sicherer auch seine Heil-Methode seyn muß: zweytens, daß der Arzt, je mehr er seine psychologische Kenntnisse erweitert, desto vollkommener in seiner ganzen Kunst wird; und endlich drittens, daß also die weitere Aufklärung der Erfahrungs-Seelen-Lehre und die gegenwärtige Bemühungen der Gelehrten dafür auch ungemein glückliche Folgen auf die Arzneikunst, und sehr grose Vortheile auch für den ausübenden Arzt haben werden. Die Pathologie, die ja gegenwärtig schon ein wichtiger Theil der ausübenden Arzneikunde ist, wird durch gröfere Aufklärung in der Erfahrungs-Seelen-Lehre nothwendig auch zu gröferer Vollkommenheit steigen, und ich kann nicht umhin, mich den schmeichlerischen Ahndungen zu überlassen, daß einst mit der Zeit, wann

I. Aussichten in die Zukunft,

das Studium der Seelen-Lehre allgemeiner geworden seyn wird, auch die Arzneikunde zu einem weit höhern Grade von Vollkommenheit steigen wird, und daß alsdann der After-Aerzte, die nicht blos aus Unkunde in der Arzneikunst und Naturlehre, sondern so oft auch aus Mangel an psychologischen Kenntnissen, wie die Seuche am Mittage verderben, eine weit geringere Anzahl zu finden seyn werde.

Der Richter wird für sein Amt gleiche Vortheile von der höhern Aufklärung in der Erfahrungs-Seelenlehre haben. Es ist ohnehin bei Beurtheilung eines Verbrechens, und des Grades seiner Moralität höchst nöthig, das Verbrechen nicht nur in abstracto und an und vor sich zu betrachten, sondern es müssen auch die individuellen Umstände des Verbrechers dabei zugleich in Erwägung gezogen werden. Ist nun der Richter Psycholog, so wird er nicht nur bei Untersuchungen dieses niemal vergessen, sondern es wird ihm auch leichter werden, durch Erforschung der vorherigen Lebens-Geschichte des Verbrechers und besonders der oft so verwickelten Umstände, die ihn zur Begehung

dieser

dieser Handlung bestimmten, vermögend seyn, ein der Moralität des Verbrechens und der Lage des Missethäters gleich angemessenes Urtheil zu fällen; und er wird auf diese Art nie in den Fall kommen, einen minder schuldigen aus Unkunde seiner individuellen Umstände mit eben der Strenge zu behandeln, wie den verhärteten Bösewicht, oder über zween Verbrecher, die zwar einerlei Verbrechen, aber übrigens in ganz ungleicher Lage begiengen, einerlei Urtheil zu sprechen. Und welchen Nuzen kann das zur Vervollkommung der ausübenden Rechtsgelehrsamkeit bringen, wenn einst die Tribunale auf Erden, an fleißiges Studium der praktischen Seelen-Lehre gewöhnt, in ihren Urtheilen nachsichtsvoller und menschlicher werden, und weniger der Gefahr ausgesezt seyn werden, praktische Irrthümer von so weit aussehendem Einfluß zu begehen, wenn - es sind wahrlich entzückende Träume - die Nachwelt der weitern Aufklärung der Seelen-Lehre es danken wird, daß die Unschuld mehr geschüzt, der Anfänger im Laster mehr durch Besserungsmittel von weitern Verbrechen

chen abgehalten, als durch Strafmittel nur geschrökt wird, ohne gebessert zu werden, und hingegen das eingewurzelte Laster mehr von andern unterschieden, und zur einzig verdienten Strafe gezogen wird. Eben so nützlich ist dem Richter auch das Studium der Seelenlehre zu Erforschung der Wahrheit. Je mehr er Psycholog ist, desto weniger wird ihn auch die feinste Verstellungs-Kunst zu betrügen vermögen. Er wird, indem er Kenntniß der Leidenschaften besizt, auch den hartnäckigen Läugner so zu behandeln wissen, daß er zulezt in die Enge getrieben, sich in seinen eigenen Worten fängt, so wie er hingegen den in der Verstellungs-Kunst minder geübten auf kürzeren Wegen zum Bekenntniß der Wahrheit führen, und überhaupt schon beym Anfang einer Untersuchung das Subjekt, das er vor sich hat, tiefer und schneller durchschauen, und sich dadurch den Weg der Untersuchung nicht nur erleichtern, sondern auch in Erforschung der Wahrheit nicht so leicht irre gehen wird. Und solche Richter, die nicht blos Richter nach dem Buchstaben des Kodex,

son-

sondern auch Menschenkenner dabey sind, wird — man frage einst künftige Zeiten — die weitere Aufklärung der Seelenlehre, worauf die gegenwärtige Bemühungen der Gelehrten abzwecken, einst bilden.

Den grösten und ausgebreitetsten Nuzen aber wird, glaube ich, der Erzieher davon haben. Es ligt am Tage, daß Erziehung ohne psychologische Kenntnisse lediglich nichts taugt, und der Erzieher, der nicht die allgemeine Grundsäze der Erziehungskunst nach den besonderen einzelnen Charakteren seiner Zöglinge anzuwenden weiß, ein Stümper ist. Um wie viel vollkommener muß also der seyn, der sich durchs Studium, der Seelenlehre gewöhnt hat, jeden einzelnen Charakter seiner Zöglinge vorher genau zu studiren, ehe er bei seiner Erziehung allgemeine Grundsäze anwendet.

Die ganze moralische Erziehung beruht ja ohne diß auf der rechten Lenkung der angebohrnen Triebe, und auf der gehörigen Erweckung der guten und Schwächung und Ausrottung der schädlichen, mithin ganz auf psychologischen Kenntnissen, auf Kenntniß nicht nur der Triebe selbst, sondern auch der Art ihrer Entstehung, ihrer Wirkungen, und der daraus folgenden Mittel, diese entweder zu hemmen, oder zu befördern. Wie ist es also möglich, daß ein Erzieher seinen Zögling moralisch gut bilden kann, wenn er nicht viele psychologische Kenntnisse besizt? Die Erfahrung lehrt es auch, daß unsere gröste Erzieher sich durchs Studium der Seelenlehre zu dem gebildet haben, was sie sind.

Wird also, durch die gegenwärtige Bemühungen der Gelehrten um die Erfahrungs-Seelenlehre, diese Wissenschaft weiter aufgeklärt, wird das Studium derselben allgemeiner: so wird sie auch je länger je mehr mit der Pädagogik in Verbindung gesezt werden, der Erzieher wird sich immer durch Erwerbung psychologischer Kenntnisse auf die Ausübung der praktischen Erziehungskunst vorzubereiten, und sich zum geschikten Erzieher zu bilden suchen; er wird, durch Kenntniß der Seelenlehre geleitet, jeden Grundsaz leichter prüfen, und seine Wirkungen eher voraussehen können; es werden neue, für die Erziehungskunst vortheilhafte

hafte Grundsätze aus der Seelenlehre hergeleitet werden, und so jene durch diese, und gegenseitig auch wieder diese durch jene zu immer höherer Vollkommenheit empor gehoben werden.

All diß zusammen genommen, gewährt unstreitig die erfreulichste Aussichten in die Zukunft. Und werden dann einst durch nähere Aufklärung der praktischen Seelenlehre viele bisher noch unerklärbare Dinge erklärbar, werden Nebel und Vorurtheile verscheucht, wird der Aberglauben von seinem fürchterlichen Throne gestosen, und aus dem Gebiet der Menschheit verbannt, werden gemeinnüzige Kenntnisse allgemein verbreitet, die Selbstkenntniß erweitert und befördert seyn, wird der Prediger und Seelsorger seine Amtsverrichtungen durch sie vollkommener und gemeinnüziger machen, wird der Arzt seine Kunst dardurch vervollkommen, und der Menschheit damit nüzlicher werden, wird dem Richter durch Verbindung der Seelenlehre mit der Rechtsgelehrsamkeit die Untersuchung der Wahrheit, die Beschüzung der Unschuld, und die gerechte und ihm angemeſſene Beſtrafung des Laſters erleichtert werden, wird endlich der Erzieher aus der Seelenlehre die vortreflichſten Grundſäze für die Erziehungskunſt nehmen, und ſeine Zöglinge zu rechtſchaffenen Menſchen und nüzlichen Bürgern dieſer Erde dadurch bilden können; dann, o dann wird die kommende Zeit die gegenwärtige Bemühungen der Gelehrten ſegnen, dann wird ſie es ihnen danken, daß ſie ihr den Weg zur Vollkommenheit und Tugend ſo leicht machten, dann wird es allgemeine Stimme aller Weiſen und Edeln ſeyn:

Heil! Heil! den Männern, die Kraft und Muth genug hatten, gegen Vorurtheile zu kämpfen, um ſie zu überwinden, und Weisheit genug, eine Bahn zu betreten, zu wandeln, zu ebnen, die gerade zur Vollkommenheit führt.

II.

Ueber einen

besondern Nuzen

der

praktischen

Menschenkenntniß.

II.

Ueber einen besondern Nutzen der praktischen Menschenkenntniß.

Der Gegenstand der vorhergehenden Abhandlung waren besonders die Erwartungen und Aussichten, die man sich von der näheren Aufklärung der Erfahrungs-Seelenlehre auf die Zukunft versprechen kann. Nothwendig mußten dabei zum Beweis der angeführten Hoffnungen die vorzüglichsten eigenthümliche Vortheile der Erfahrungs-Seelenlehre, oder welches einerlei ist, der praktischen Menschenkenntniß erzählt werden. Unmöglich, und viel zu weitschweifig aber würde es seyn, alle und jede denkbare, oder auch nur alle durch Erfahrung bewiesene Vortheile der

Reihe

II. Ueber einen besondern Nuzen

Reihe nach einzeln herzuerzählen; unmöglich, das ganze grose Feld gemeinnüziger Weisheit, das die praktische Menschenkenntniß fruchtbar macht, mit Einem Blick zu übersehen; unmöglich es ganz zu durchwandern, und dann, ohne ermüdende Weitschweifigkeit den Erfund seiner Beobachtungen und Erfahrungen zu erzählen. Es ist genug, die allgemeinste vorzüglichste derselben, aus welchen sich dann selbst auch noch auf andere schliessen läßt, angeführt zu haben.

Ein besonderer Nuzen der praktischen Menschenkenntniß aber verdient, wie mir dünkt, noch einzeln angeführt und betrachtet zu werden. Diß ist der, den man von der praktischen Menschenkenntniß in Beurtheilung anderer hat. Es kommt unläugbar viel darauf an, aus welchem Gesichtspunkt, und mit welchen Vorkenntnissen man einen Menschen beurtheilt. Den abgefeimten Bösewicht können wir, je nachdem wir ihn nur von dieser oder jener Seite betrachten, für einen Rechtschaffenen, und den Rechtschaffenen, wenn wir blos die fehlerhafte Seite, die ja

blos

hienieden auch der Vollkommenste noch hat, an ihm sehen, mit Verkennung seiner guten Eigenschaften, wo nicht für einen Bösewicht, doch wenigstens für einen Menschen von sehr mangelhafter Tugend halten; wir können diese oder jene Handlung eines Menschen, wenn wir die Absicht, die er dabei hatte, nicht kennen, entweder für gut oder für böse halten, wenn es gerade der entgegengesezte Fall ist. Praktische, durch fleißiges Studium der Seelenlehre und durch Uebung erlangte Menschenkenntniß aber sezt uns in den Stand, diese Fehler weniger zu begehen, und in dergleichen Beurtheilungen richtiger zu schliessen. Studium der Seelenlehre, und praktische Menschenkenntniß lehrt mehr auf die individuelle Temperaments-Anlage eines Menschen Achtung geben, lehrt den Menschen nicht sowohl nach dem Aeusserlichen seiner Handlungen, das bei übrigens ganz ungleichem Grade der Moralität einerlei seyn kann, als vielmehr nach ihrem innerlichen Werthe beurtheilen, lehrt einsehen, daß eine und ebendieselbe Handlung von verschiedenen Subjekten bei dem einen

mehr

mehr Tugend oder mehr Laster seyn kann, als bei dem andern, weil sie bei jenem um seines Temperaments willen mehr Anstrengung und Verläugnung kostete, oder, wenn sie bös ist, mehrere überlegte Schritte, mehrere Verhärtung im Laster erforderte, als bei diesem. So wird, um nur ein Beispiel anzuführen, die Mäsigung des Geschlechtstriebes dem Melankolisch-cholerischen leichter, als dem Sanguinisch-phlegmatischen, ist also bei diesem mehr Tugend als bei jenem, und im Gegentheil hat dieser, durch die schnellere Zirkulation seines Bluts, und dadurch beförderte gröfere Reizbarkeit seines Nervensystems getrieben, wenigere Schritte zu allen denjenigen Fehlern und Lastern, zu welchen eine gewisse Dosis von Leichtsinn gehört, als jener, den schon das trägere Schleichen seines Bluts in den Gefässen und die geringere Reizbarkeit seiner Nerven, ohne viele Anstrengung vor dergleichen Ausschweifungen bewahrt, so wie im Gegentheil auch wieder der Melankolisch-cholerische zu allen denjenigen Tugenden, die Muth, Kraft, kühne Unternehmung und einen

der praktischen Menschenkenntniß. 33

nen gewissen Heroismus erfordern, mehr Anstrengung braucht, als der Sanguinische, wordurch sie ihm also, wenn er sie doch erreicht, mehr Tugend werden als diesem. Hier wird nun der blos flüchtige Beobachter mit grosem Unrecht dieselbe Tugend einem wie dem andern zu gleichem Verdienst, und den nemlichen Fehler einem wie dem andern zu gleichem Verbrechen anrechnen, da hingegen der Menschenkenner beide nach Temperaments- und andern Anlagen zu schäzen wissen wird.

Diß hat alsdann die Wirkung, daß man in der Beurtheilung anderer und ihrer Handlungen nachsichtsvoller wird. Indem man durch die Menschenkenntniß an jedem Menschen auch auf sein Temperament zu achten gewöhnt wird, so lernt man auch manche Fehler und Ausschweifungen auf Rechnung desselbigen schreiben. Es scheint oft unbegreiflich, wie gewisse Menschen an diesen oder jenen Fehlern und Ausschweifungen so vest hangen, und sich durch keine Ermahnungen und Warnungen davon abbringen lassen: mancher, der die Stelle eines Ermahners oder

C　　　　　　　　War-

II. Ueber einen besondern Nuzen

Warners bei einem solchen Menschen, besonders, wenn dieser ein Jüngling ist, vertritt, denkt oft bei sich selbst, wie sollte es doch möglich seyn, daß ein Mensch alle Ermahnungen und Warnungen so in den Wind schlägt, und sich von den ihm gewöhnlichen Ausschweifungen nicht auch endlich einmal losreißt? aber bedenkt dabei nicht, daß es ihm, der vielleicht kälteres Blut und weniger reizbare Nerven hat, weit leichter werden muß, sich vor dergleichen Vergehungen zu hüten, als dem raschen, sanguinischen oder cholerischen Jüngling.

So oft hört man in Kaffee-Gesellschaften, besonders, wo geschwäzige und in den Künsten des Splitterrichtens und der Verleumdung geübte Weiber das Gespräch führen, über diesen und jenen das erbauliche Urtheil: Ja, wen einmal der Satan in seinen Klauen hat, der kann eben nimmer anderst. Sollte man's denken, daß A. und B. und C. immer noch so fortfahren, wie sie's angefangen haben? Der muß doch gewiß und wahrhaftig gar keinen guten Gedanken mehr in sei-

seinem Herzen haben, und jene, ach die Närrin! wie kann sie doch so ausgelassen seyn, wie mag sie doch auf ihre Kleider sich so viel einbilden, wie mag sie doch an den Dingen eine Freude haben, die uns doch so eckelhaft vorkommen? Nicht wahr? Frau Nachbarin, so haben wir's in unserer Jugend nicht gemacht; und wenn sie's zehenmal ärger gemacht haben, aber nun, — wegen ihres Alters, oder aus Eigenliebe, weiß ich nicht — vergessen haben. Wer doch so citel, wer doch so lustig seyn möchte, wer sich doch den Freuden dieser Welt so überlassen könnte! Gewis und wahrhaftig, das habe ich die Tage meines Lebens nicht so gesehen; u. s. w. Ob das wol Menschenkennerinnen sind? oder ob sie so urtheilen würden, wenn sie es wären? Und so werden wahrlich auch von sonst einsichtsvollen Männern, nur mit mehrerer Feinheit, öfters solche Urtheile gefällt; so wird mancher aus Mangel an Menschenkenntniß härter verdammt, als er es verdienet; so wird von manchem mehr Vollkommenheit gefordert, als er seiner Temperaments-Anlage nach erreichen kann.

Der Menschenkenner aber urtheilt ganz anderst; Er schreibt nicht nur manche Fehler eines Menschen nachsichtsvoll auf Rechnung seines Temperaments, hat nicht nur mehr Gedult mit einem solchen, dem die Abgewöhnung eines Fehlers um seines Temperaments willen schwerer wird, als einem andern, sondern erwartet auch von jedem Menschen nur nach seiner individuellen Temperaments-Anlage Vollkommenheit. Der Menschenkenner sieht ein, daß unmöglich alle Menschen Vollkommenheit in gleichem Grade, und in einer und ebenderselben Art von Wissenschaft oder Tugend erreichen können, wird daher auch niemals diese oder jene Tugend in eben dem Grade von verschiedenen Subjekten fordern oder erwarten, wird nie von verschiedenen Subjekten gleich grose Vollkommenheit in einer gewissen Art menschlichen Wissens erzwingen wollen. Und da die Erziehung einen so sichtbaren Einfluß auf den moralischen Charakter eines Menschen hat, so wird auch diese von dem Menschenkenner erst untersucht werden, ehe er ein bestimmtes Urtheil über ihn fällt, und

er

er wird auch diese erst zu Rathe ziehen, ehe er bei sich selber vest sezt, welches Maas von Vollkommenheit er von ihm erwarten könne, und dürfe. So aber wird nur der Menschenkenner allein urtheilen können.

Wie man übrigens durch praktische Menschenkenntniß in der Beurtheilung anderer vorsichtiger und gegen die Fehler ihres Temperaments nachsichtsvoller wird, eben so lernt man dadurch auch in Beurtheilung ihrer Tugenden weniger fehlen. So wie es Fehler gibt, die blos Temperaments-Fehler sind, so gibt es auch Tugenden, die nichts weiter als Temperaments-Tugenden genannt zu werden verdienen. Hier wird nun derjenige, der sich durch praktische Menschenkenntniß geübt hat, den Menschen ganz nach allen seinen Anlagen zu betrachten und zu beurtheilen, auch nicht so leicht in den Fall kommen, die Tugend des einen, wenn er sie schon in höherem Grade besizt, dem sie aber um seines Temperaments willen leichter wurde, der Tugend eines andern, der sie in geringerer Maas ausübt, schon um deswillen vorzuziehen, da doch der leztere, weil sie ihn vielleicht mehr Anstrengung und Verläugnung kostete, auch mehr Verdienst dabei hat.

Diese durch praktische Menschenkenntniß erlangte Gewöhnung zu richtigerer und dabei nachsichtsvollerer Beurtheilung anderer wird alsdann auch die sehr gemeinnüzige Folge haben, daß man im Umgang mit andern liebreicher und freundlicher wird. Indem man sich gewöhnt, an andern mehr ihre Tugenden als ihre Fehler aufzusuchen, und die leztern so viel als möglich zu entschuldigen, werden nie jene feindselige Gesinnungen gegen Menschen überhaupt, oder gegen einzelne Personen bei uns aufkommen können, die den Menschen endlich zum Misanthropen und zulezt gar zum Heautontimorumenos machen.

III. Ueber

III.

Ueber den
Reiz der Neuheit.

Varietas delectat.

III.
Ueber den Reiz der Neuheit.

Daß es vortheilhaft sey, daß das menschliche Leben so vielen und mancherley Veränderungen unterworfen ist, kann nicht nur der Theolog mit sehr einleuchtenden Gründen beweisen, sondern der Psycholog reicht ihm auch noch besonders manche unumstößliche Belege zu dieser Wahrheit dar.

Zwar klagt so mancher über den öftern und schnellen Wechsel von Glück und Unglück in diesem Leben, zwar schreiet man es aus eben dem Grunde gewöhnlich und mit übertriebenen Vorstellungen als ein elendes Jammerthal aus; Allein die Erfahrung lehrt, daß es noch vielmehr Jammerthal wäre, wenn es uns ohne diese mannichfaltige Abwechslungen und Veränderungen dahin flöße. Es ist hier

nicht der Ort, die Gründe für diese Behauptung anzuführen, die aus der Regierung Gottes und aus seiner Allweisheit, oder aus andern theologischen Grundsäzen, oder auch aus
der allgemeinen Erfahrung hergenommen werden können; und man darf daher als schon
erwiesen voraussezen, daß unser Leben ohne
die gewöhnliche Veränderungen und Abwechslungen, sei's auch daß der Wechsel zwischen
Glück und Unglück ist, uns eine lange, gewis nicht freudenreiche Ewigkeit dünken würde. Nur die psychologischen Gründe für diese
Wahrheit gehören, und auch diese nur indi-
recte hieher.

Die ganze Anlage unserer Natur scheint
es zu fordern, daß unserm Leben durch Abwechslungen und Veränderungen die ermüdende Einförmigkeit genommen werde. Daher der starke und unwiderstehliche Reiz,
den die Neuheit für uns hat. Daß dieser
Reiz allgemein sey, und sich bei allen Menschen, wiewohl bald in höherem, bald in ge-
ringerem Grade finde, lehrt schon eine blos
flüch-

III. Ueber den Reiz der Neuheit. 43

flüchtige Beobachtung. Wie sehr geizt jedermann darnach, etwas neues zu sehen, zu hören, zu erfahren? Ist man in Gesellschaften, so ist es bald der einzige Gegenstand des Gesprächs, daß man einander alle die Neuigkeiten auftischt, die man die Woche oder das Jahr hindurch gesammelt und zusammen getragen hat, um sie in der nächsten Assemblee auskramen zu können. Und wie ist alsdann die Aufmerksamkeit der ganzen Gesellschaft gespannt, wenn ein Mitglied nach dem andern das Magazin seiner sogenannten Neuigkeiten öffnet, und sie in langer Reihe vor den Ohren der aufmerksamen Zuhörer vorbeitraben läßt. Da möchten Welten zu Trümmern gehen, und Millionen Menschen verderben, was kümmerte sie das? Die Gesellschaft hat nun für nichts Ohr und Verstand und Herz als für die eben aufgetischte vorher noch unbekannte Zeitung. Gut oder schlimm, das ist einerlei, wenn's nur etwas neues ist. Aber kaum darf halbweg während einer solchen Erzählung sich irgend etwas wirklich ereignen, das man selbst mit ansehen oder anhören kann,

so

so ist alle Aufmerksamkeit dort weg, und auf dieses gerichtet; warum? es ist etwas noch neueres, als jene Erzählung.

Wie oft sieht man den Politiker oder Politikaster mit begieriger Hand nach den eben angekommenen Staats-Anzeigen greiffen, sich mit innigem Vergnügen damit hinter den Ofen in den Grosvater-Stuhl sezen, im seligsten Wohlbehagen ein Pfeifchen darzu schmauchen, und Himmel und Erde, ja öfters zulezt gar auch die brennende Pfeife darüber vergessen. Woher diese Begierde? Es ist etwas Neues aus der politischen Welt.

Wie begierig durchblättert der Gelehrte den Meß-Katalog, um die neuesten Produkte der lezten Messe zu erfahren; wie eilt er, von diesem oder jenem Buch, das etwa seine besondere Aufmerksamkeit auf sich gezogen hat, nähere Kundschaft einzuziehen! Lauter Beweise, wie allgemein, wie stark, wie unwiderstehlich der Reiz der Neuheit ist.

Besonders scheint sich der Reiz der Neuheit am stärksten in der Liebe zur Veränderung zu offenbaren, die man an allen Menschen

III. Ueber den Reiz der Neuheit.

schen mehr oder weniger bemerkt. Und diese ist es auch, auf welche die Hauptabsicht der gegenwärtigen Abhandlung geht, die nur deßwegen den Titul führt: über den Reiz der Neuheit, weil dieser die Grundursache der Liebe zur Veränderung ist.

Jedermann liebt Veränderung. Diß ist eine Wahrheit, für deren Allgemeinheit die Erfahrung bürgt. Ewiges Einerlei ermüdet und erweckt Eckel, der Gegenstand mag seyn, welcher er will, und es ist diß so wohl in blos sinnlichen als im halbsinnlichen, als auch im ganz geistigen Genuß der Fall. Daher die Anekdote von jenem Bauern, der sich kein köstlicheres Leben dachte als immerdar Rebhüner essen zu dürfen, und doch, als er eine Zeitlang immer Rebhüner und wieder Rebhüner zu essen bekam, endlich voll Eckel ausrief: toujours perdrix!

Die liebste Beschäfftigungen entleiden uns zulezt, wenn sie nicht zuweilen mit andern abwechslen. Das Kind läßt das unterhaltendste Spielwerk endlich liegen, wenn es lange ununterbrochen damit gespielt hat. Der Jüngling und der

der Mann verläßt endlich voll Ueberdruß eine Beschäftigung, an die er lange gefesselt war, oder die er sich auch selbst wählte: denn woher mag es anderst kommen, daß nicht leicht jemand ein von ihm selbst ausgearbeitetes Manuscript, und wenn auch das Vergnügen der Autorsucht noch so stark dabei wäre, mit eigener Hand gern wieder abschreibt? Nur gewisse Spiele, z. B. das Kartenspiel, scheinen hier eine Ausnahme zu machen, indem sie die Eigenschaft haben, denjenigen, der sich ihnen ergibt, je länger er spielt, desto anhaltender zu fesseln. b)

Allein diß stoßt die Liebe zur Veränderung deßwegen nicht um, denn auch der leidenschaftlichste Spieler würde gewis, wenn er nur verhältnißmäsig einige Zeit länger ununterbrochen einerlei Spiel spielen sollte, das toujours perdrix! bald genug ausrufen.

Woher anderst kommt die entsezliche Qual der langen Weile, als von eben dieser Liebe zur Veränderung? Der, den die lange Weile plagt

b) Woher diß komme, darüber werde ich an einem andern Ort einige Bemerkungen mittheilen.

III. Ueber den Reiz der Neuheit.

plagt, könnte ja, um sich ihrer zu entledigen, irgend eine seiner sonst gewohnten Beschäftigungen vornehmen: allein, warum mag er das nicht? warum läßt er sich lieber von der langen Weile foltern? Weil sie den Reiz der Neuheit für ihn verlohren haben, weil er Veränderung wünscht, und doch keine Gelegenheit sieht, sie sich zu verschaffen.

Freilich ist diese Liebe zur Veränderung nicht bei allen Menschen gleich stark, freilich hat die Neuheit für diesen mehr, für jenen weniger Reiz. Man sieht auch Menschen, aber sie sind selten, die für alles, was ausser ihnen vorgeht, keinen Sinn zu haben scheinen, weniger selten solche, die ohne Ueberdruß sich immer auf einem Fleck ihres Daseyns herumdrehen, Menschen, die bei einerley Beschäftigung mit unglaublicher Beharrlichkeit ausharren können, und sich selten nach Veränderung sehnen, und man hält gewöhnlich — ob mit Recht oder Unrecht? will ich nicht entscheiden, — dafür, daß Gelehrte und tiefdenkende philosophischen Köpfe so beschaffen seyn müssen: allein auch diese sind keine Ausnahme von der Regel; sie beweisen nur, daß dieser Reiz Grade hat, nicht, daß er bei irgend einem Menschen sich gar nicht findet.

Merkwürdiger ist der Unterschied, wie sich die Liebe zur Veränderung in den verschiedenen Altern des Menschen äussert, und welchen Reiz die Neuheit in jedem besonders hat. Anderst fühlt ihn das Kind und der Knabe, anderst der Jüngling, anderst der Mann, anderst der Greis, und von den Jahren der Kindheit bis zum hohen Alter steigt und fällt er nach verschiedenen Stufen.

Das Kind und der Knabe fühlen ihn stark. Man beobachte einmal ein Kind bei seinen Spielen. Hat es irgend eines lange gespielt, so fühlt es endlich Abneigung dagegen: was ihm vorher grose Freude machte, wird ihm nun zum Ekel, und verfällt es nicht entweder selbst auf eine andere Unterhaltung, oder verschafft ihm nicht jemand anders eine neue, so wird es ungeduldig, mürrisch, und fängt zulezt an zu weinen. Kaum aber hat es sich mit der neuen Unterhaltung, die man ihm verschaffte, wieder eine Zeitlang ab-

III. Ueber den Reiz der Neuheit.

gegeben, so hat auch diese das nemliche Schiksal. Wird ihm aber ein anfangs angenehmes Spielwerk einige Zeit aus den Augen gerükt, und nach Verfluß derselben wieder hervorgebracht: so hat es wieder neuen Reiz, weil es in gewiser Art wieder neu ist. Doch ist die Freude daran schon nimmer so groß, wie damals, als es das Kind das erste mal kennen lernte: denn es ist doch nimmer so neu, wie das erste mal. Mit Kleidern gehet es dem Kind eben so. Je mehr Veränderungen darinn, desto lieber; je öfter die alte mit neuen abwechseln, desto größer ist die Freude des Kindes. — So auch der Knabe. Wird er, besonders beim Unterricht, an einerlei Beschäftigungen lange gefesselt, so entsteht endlich Ueberdruß, und Ekel an dieser Art von Beschäftigungen, und zulezt gar am ganzen Unterricht, da er hingegen durch öftere Abwechslung und Veränderung nicht nur bei guter Laune erhalten, sondern ihm auch größere Lust zum Unterricht überhaupt beigebracht werden kann. Denn woher mag es wol kommen, als von dem uns natürlichen Ekel am

Einerlei, und der Liebe zur Veränderung, daß so mancher sein ganzes Leben hindurch an der lateinischen und andern alten Sprachen einen unüberwindlichen Eckel behält, weil in seiner Jugend nach ganz verkehrter Methode die Unterweisung in diesen todten, schon an und vor sich dem Knaben uninteressanten Sprachen oft der einzige, wenigstens der Hauptgegenstand des Unterrichts war?

Je mehr nun aber der Knabe heran wächst, desto stärker wird auch die Liebe zur Veränderung, und die **höchste mögliche Stuffe erreicht sie beim Jüngling.** Der immer thätige Geist des Jünglings rastet nie, er ist unaufhörlich beschäftigt, und seine Beschäftigungen müssen Abwechslungen haben. Ist er vor sich allein in einsamer Stille, welches aber selten geschehe, weil sie zu viel Einförmigkeit hat, so **macht er Entwürfe für sein künftiges Leben,** schaft sich Phantome, und träumt sich aus der Wirklichkeit weg in die Möglichkeit, aus der Gegenwart in die Zukunft. Da tanzen alle nur mögliche Bilder einer heitern Zukunft, mit allem Reiz der

Neu=

III. Ueber den Reiz der Neuheit.

Neuheit geschmükt, und in angenehmer Abwechslung vor seiner Phantasie vorüber. Die Hoffnung, die stärkste Leidenschaft des Jünglings, gibt ihm die Farben, um das ganze Gemälde der frohen Zukunft auszumalen. Ueberhaupt wird man selten einen Jüngling finden, der nicht Entwürfe macht für die Zukunft c).

Erwacht er dann auch aus seinen süssen Träumereien, so ist es ihm dann doch nicht, wie einem, der wirklich aus einem Traum erwacht, und sich alsdann betrogen findet. Nein, er sezt deßwegen seinen Wünschen und Hoffnungen kein Ziel: was er geträumt hatte, wünscht er nun mit vollem Bewußtseyn, und was er wünscht, das hofft er auch. Seine Seele ist nicht zufrieden mit den blosen Vorstellungen der Möglichkeit, es entsteht nun auch die höchste Sehnsucht in ihr, das geträumte zu realisiren. In den Stunden des ruhigern Nachdenkens begnügt er sich nun nicht mehr

---

c) Man vergleiche damit, was Herr Professor Abel in der Abhandlung: über den zauberischen Reiz der ersten Jugendjahre, über diese Materie sagt.

mehr blos mit den Entwürfen für die Zukunft selbst, er macht nun wieder Entwürfe, wie die ersten Entwürfe ausgeführt werden können, und Hoffnung und Einbildungskraft leihen ihm Flügel darzu. Woher sollte nun diese Neigung des Jünglings, Entwürfe zu machen, kommen? Offenbar ist die Liebe zur Veränderung mitwirkende Ursache davon. Er denkt sich nicht gerne lang in der Lage, worinn er sich wirklich befindet: daher sezt ihn seine geschäfftige Phantasie schnell in eine andere, die noch allen möglichen Reiz der Neuheit für ihn hat.

So zeigt sich beim Jüngling die Liebe zur Veränderung in der Phantasie, noch stärker aber äussert sie sich auch in der Wirklichkeit. Man beobachte den Jüngling bei seinen Beschäfftigungen, man beobachte ihn in jeder Lage, worinn er sich befindet. Die liebste Beschäfftigungen für ihn sind die, wobei er die meiste Abwechslung hat. Der rastlose Geist des Jünglings brütet selten lang über einerlei Art von Geschäften, er will an mehreren Orten thätig seyn, seine Wißbegierde, sein Thatendurst erstrekt sich über alles, was er sieht, sein

Wir-

III. Ueber den Reiz der Neuheit.

Wirkungskreis soll der gröſte seyn, der möglich iſt. Bald mit dieſem bald mit jenem beſchäftiget, eilt er mit unruhiger Thätigkeit von geiſtigen zu körperlichen, und von körperlichen zu geiſtigen Beſchäftigungen.

Zwar kann er ſich nun ſchon eher an ein gewiſſes Geſchäft heften, als das Kind und der Knabe; allein der Kreis ſeines Wiſſens hat ſich nun auch erweitert, und er kann ſich nun nicht überwinden, nicht nur Vielheit, ſondern auch Mannichfaltigkeit in ſeine Geſchäfte zu bringen. Beſonders bleibt nicht leicht ein Jüngling gern in einerlei Lage, und an einerlei Orte, und wenn jene die glücklichſte, und dieſer der reizendſte wäre. Daher der unwiderſtehliche Hang der meiſten Jünglinge zum Reiſen, daher die Begierde, die Welt zu ſehen, und durch jede Veränderung der Lage und des Orts wieder aufs neue glüklich zu ſeyn.

Ich habe dieſe Liebe zur Veränderung meiner Lage und meiner Verhältniſſe, und des Orts den ich bewohne, ſchon oft an mir ſelber bemerkt. In der glüklichſten Lage ſehne ich

ich mich nach Veränderung, und ich erinnere mich noch gar wohl, welche unbegränzte Freude in mir entstand, als meine Eltern einst den Ort ihres bisherigen Wohnsizes veränderten, und ich nun die Hoffnung hatte, künftig an einem andern Orte leben zu dürfen, unerachtet ich diesen neuen Ort noch gar nicht kannte, und der erste nichts hatte, was mir ihn unangenehm hätte machen können. Und noch jezt, wann ich mir den Plaz denke, der mir über kurz oder lang zur Vollendung meiner Bestimmung angewiesen werden wird, so wünsche ich mir lieber einen mit mittelmäsigen Vortheilen, von welchem ich aber nach einiger Zeit auf einen bessern versezt, als einen mit den grösten, der mir aber ohne einige Veränderung zum bestimmten Wohnsiz auf die ganze Zeit meines Lebens gegeben würde. Eben diese Bemerkung habe ich auch schon an andern Jünglingen gemacht. Der Geist des Jünglings kann sich selten auf einen Ort einschränken, selten in einerlei Lage lange Zeit bleiben, auch fordert's seine Bestimmung nicht.

Diese

III. Ueber den Reiz der Neuheit.

Diese Liebe zur Veränderung nun fängt, so wie sie vom Kinde bis zum Jüngling immerdar wuchs, beim Manne wieder abzunehmen an. Der gereifte Mann kann sich nun schon weit besser, als das Kind und der Knabe und der Jüngling, an einerlei Beschäftigungen fesseln, liebt schon die Veränderung seiner Lage und des Orts nicht mehr so, wie der Jüngling. Es mischen sich bei ihm nun schon immer mehr ökonomische Betrachtungen darein, ehe, oder warum er Veränderung wünscht, und sie zu erreichen sucht. Er liebt nun schon mehr Ruhe und Stille, und öfters ist ihm Veränderung des Orts und der Lage mehr unangenehm als wünschens werth.

Er bleibt nun lieber an einem Orte, und wenn er nicht, wie z. B. der Kaufmann, von Jugend auf daran gewöhnt ward, so hat auch das Reisen vieles von seinen Reizen für ihn verlohren. Doch ist deßwegen die Liebe zur Veränderung noch nicht gänzlich in ihm erloschen; auch der Mann ermüdet noch an langer Einförmigkeit, und sucht endlich Veränderung, nur nicht mehr so schnell und so oft wie der Jüngling.

Endlich scheint sie beim Greisen vollends ganz zu erlöschen. Nicht als ob für diesen die Neuheit gar keinen Reiz mehr hätte, nein, vielmehr scheint die Neugierde sich im Greisen Alter, wenigstens bei manchen, zu verjüngen, und zu vermehren. Der Greis ist gemeiniglich auf alles begierig, was um ihn und ausser ihm vorgeht, hört gern Anekdoten erzählen, die er noch nicht weis, bekümmert sich viel um Stadt=Neuigkeiten, und hat es gern, wenn man ihm dergleichen hinterbringt. Allein der Reiz der Neuheit, der sich durch Liebe zur Veränderung äussert, ist für ihn ganz verlohren. Nur selten wird ein Greis dahin bewogen werden können, eine grose Reise zu unternehmen, und sein gegenwärtiger Wohnort ist ihm allzulieb, als daß er ihn noch mit einem andern vertauschen sollte, wenn er nicht durch andere Umstände genöthiget wird. Sey dieses auch Schwachheit des Alters, genug, daß es ein Beweis ist, daß die Liebe zur Veränderung sich verlohren, und der Reiz der

Neu=

III. Ueber den Reiz der Neuheit

Neuheit in diesem Punkte verschwunden ist. Daß es Greise gibt, die auch hierinnen eine Ausnahme machen, streitet deßwegen doch nicht gegen die allgemeine Erfahrung, so wenig als das, daß auch bei Männern, Jünglingen und Kindern in Ansehung der Liebe zur Veränderung Ausnahmen angetroffen werden.

Noch muß ich, ehe ich zur Erklärung dieses Reizes schreite, eine Beobachtung beifügen, die ich gemacht zu haben glaube. Es ist die, daß der Reiz der Neuheit bei Mädchen gewöhnlich weniger stark als bei Jünglingen zu seyn scheint. Diß klingt zwar einigermasen paradox, da man sonst dem andern Geschlecht eine allzugroße Neugierde zur Last legt: allein ich rede hier nur von demjenigen Reize der Neuheit, der die Liebe zur Veränderung erzeugt. Zwar scheint auch wider diese Behauptung das Virgilianische: Varium et mutabile semper femina, zu streiten: allein eine nähere Beobachtung wird lehren, daß diese Behauptung doch richtig sey, ohne dem virgilianischen Gemeinsaz etwas von seiner Wahrheit zu benehmen. Virgil redt hier

hier offenbar mir von den Gesinnungen des weiblichen Geschlechts, und hierinn hat er die Erfahrung auf seiner Seite, welche deutlich genug lehrt, daß die Gesinnungen des andern Geschlechts sehr unbeständig sind, da manche in einer Minute lachen und weinen können; allein auf der andern Seite bemerkt man doch auch eben so deutlich, daß Mädchen nach Veränderung ihrer Lage oder des Orts sich nicht so sehr sehnen, sie nicht so sehr wünschen, und suchen, und wenn sie sich ohne ihr Zuthun ereignet, nicht so sehr lieben, als Jünglinge. Ich habe diese Bemerkung öfters zu machen Gelegenheit gehabt; und woher käme auch sonst die unläugbare Erfahrung, daß Mädchen nicht so gern reisen, wie Jünglinge, und sich vom väterlichen Hause ungerner trennen als diese? Einzelne Ausnahmen machen auch hier keine neue Regel, und ich werde übrigens unten zu erweisen suchen, woher dieses komme.

Und nun will ich versuchen, einige Erklärungen beizufügen, woher dieser Reiz kommen mag, den die Neuheit für uns hat, und die Liebe zur Veränderung, die wir so

alle

III. Ueber den Reiz der Neuheit.

allgemein an allen Menschen bemerken, die ich aber keinesweges für ausgemachte Wahrheiten, sondern etwa nur für Hypothesen ausgebe. Die oben angeführte Bemerkungen, besonders über die Verschiedenheit dieses Reizes und über seine Abstuffungen im Kindes- Jünglings- männlichen- und Greisen-Alter werden zugleich die sicherste Hülfsmittel zur Erklärung desselbigen seyn.

Aus denselbigen glaube ich nemlich folgern zu dürfen, daß der Reiz der Neuheit und die allgemeine Liebe zur Veränderung hauptsächlich aus dem uns angebohrnen Durst unserer Seele nach Thätigkeit herrührt. Dieß Verlangen nach immerwährender Wirksamkeit ist offenbar eine Grundkraft unserer Seele, aus welcher viele Erscheinungen in derselben erklärt werden können, und müssen. Nun bemerkt man ganz deutlich, daß diß Verlangen nach Thätigkeit in eben dem Grade steigt und fällt, in welchem der Reiz der Neuheit zu- und abnimmt; und diß beweißt also, daß dieser von jenem herkommen müße.

Beim

Beim Kinde fängt das Verlangen nach Thätigkeit an, es fängt an, seine Kräfte zu gebrauchen und zu üben, es will überall thätig seyn, wo es kann, und alle Gegenstände die es sieht, macht es auch zu Gegenständen seiner Beschäftigung, es dringt sich schon auf den Armen der Amme überall hin, wo es etwas zum tändeln, mithin etwas, seine Kräfte daran zu üben, zu finden glaubt. Daher die Neuheit starken Reiz für das Kind hat, daher die Liebe zur Veränderung bei ihm, weil sich ihm überall wieder neue Gegenstände zur Beschäftigung anbieten. Aber noch ist der Wirkungskreis des Kindes zu klein, seine Kräften zu schwach, und nach Verhältnis dieser sein Durst nach Thätigkeit noch geringer, es wird auf einmal mit zu vielen unbekannten Gegenständen überhäuft, die es nicht alle umfassen kann, und diß mindert dann auch die Sehnsucht nach Wirksamkeit. Daher auch der Reiz der Neuheit und die Liebe zur Veränderung beim Kinde noch nicht den höchsten möglichen Grad erreicht, daher es so ungern das Haus seiner Eltern verläßt.

III. Ueber den Reiz der Neuheit.

läßt, und noch lieber auf einem Flecke sich herumdreht, als der Jüngling. Je mehr aber die Kräften wachsen, je weniger der unbekannten Gegenstände werden, und je leichter das Kind sie alle zu umfassen vermag, desto mehr wächset auch das Verlangen nach Thätigkeit, und mit diesem der Reiz der Neuheit, und die Liebe zur Veränderung. Und beim Jüngling erreicht sie, wie oben schon bemerkt worden ist, den höchsten möglichen Grad. Natürlich! bei ihm ist auch die Sehnsucht nach Thätigkeit aufs höchste gespannt. Für seinen Wirkungskreis ist die ganze Erde nicht zu weit, sein Geist klimmt immer höher empor, und rastet nie, seine Kräften fühlt er stark genug, um auszuführen, was er entworfen hat. Was Wunder, wenn er nicht ruhen kann, sondern sie üben muß? und warum sollte er sie nicht am liebsten an allen in seinem Wirkungskreise ligenden Gegenständen, bald da, bald dort, bald an diesem, bald an jenem versuchen? Wäre es nicht ein Wunder, wenn für ihn die Neuheit nicht den höchsten Reiz hätte, wenn die Liebe zur Veränderung bei

ihm

ihm nicht am gröſten wäre? Beim **Manne** nimmt der Durſt nach Thätigkeit wieder ab, und in eben dem Grade auch der Reiz der Neuheit und die Liebe zur Veränderung. Zwar ſteht der Mann nun in ſeiner vollen Kraft da, alle Anlagen und Kräfte, die beim Kinde erſt keimten, beim Jünglinge blühten, ſind nun beim Manne zur vollen Reife gediehen: es ſcheint alſo daraus zu folgen, daß bei ihm auch die Thätigkeit die gröſte ſeyn müße. Allein, wo iſt das Feuer der Jugend, das den Jüngling mit ſolchem Drang zu Thaten hintreibt? Beim Manne iſt es erloſchen, glimmt wenigſtens nur noch unter der Aſche, Kraft hat er zwar mehr als der Jüngling, aber Thatendurſt weniger, alſo auch weniger Liebe zur Veränderung, weniger Empfänglichkeit für den Reiz der Neuheit.

Endlich ſteht beim Greiſen das brennende Verlangen nach Thätigkeit ganz ſtille, und mit ihm auch die Liebe zur Veränderung. So wenig der Greis ſeine noch übrige Kräften durch weitere Anſtrengung vollends abzunuzen liebt, ſo wenig liebt er Veränderung, und zieht ſich

im-

immer mehr in die Stille und in sich selbst zurück; und Erfahrung und Beobachtungen lehren, daß dieses nach eben den Graden so fortgeht, nach welchen die Kräfte und die Lust zu äusserlicher Thätigkeit abnehmen. Darzu kommt noch, daß beim Greisen jenes Feuer der Einbildungskraft erloschen ist, derenZ äusserlicht dem Jünglinge jede Veränderung im Rosengewande darstellte, und ihn nur das Angenehme, nicht auch das beigemischte Unangenehme seiner Hoffnungen sehen läßt; Daß der Greis nun durch mehrere gesammelte Erfahrungen überzeugt, daß in der Veränderung der Lage und des Orts nicht immer das eingebildete Vergnügen zu finden war, auch nach solchen Veränderungen sich nimmer so sehr sehnet, und daß aus eben diesem Grunde, weil er auch die Beschwerlichkeit der Reisen schon erfahren hat, diese nimmer den Reiz für ihn haben, wie für den Jüngling. Es scheint also durch diese Bemerkungen bewiesen zu seyn, daß der Reiz der Neuheit hauptsächlich aus dem Durst unserer Seele nach Thätigkeit herrühret.

Des-

Dessen ungeachtet aber hat wahrscheinlich der Körper auch seinen Antheil daran. Ein reizbares Nerven-System, woraus eine lebhafte Einbildungskraft entsteht, ist nach der Erfahrung die Ursache, die einen starken Reiz der Neuheit und eine große Liebe zur Veränderung wirkt. Je nachdem die Einbildungskraft verschieden ist, je nachdem ist auch die Stärke des Reizes der Neuheit im Menschen verschieden. Eine lebhafte Einbildungskraft zeugt einen starken, eine schwache einen schwachen Reiz. Daher dieser beim Jüngling am stärksten, weil die Einbildungskraft bei ihm die am meisten ausgebildete Seelenkraft ist, beim Kind und Manne schwächer, weil die Einbildungskraft bei jenem noch wachsen muß, bei diesem schon wieder abzunehmen anfängt, und beim Greisen zulezt gar nichts mehr ist, weil die Einbildungskraft bei diesem nun ganz zu verschwinden scheint. Ein gewiser Grad von Reizbarkeit der Nerven gehört ebenfalls, so wie zur Einbildungskraft überhaupt, auch zur Erweckung eines stärkern, oder geringern Reizes, den die Neuheit für uns hat.

Als

III. Ueber den Reiz der Neuheit.

Allzuschwache Nerven hindern ihn eben so wie allzustumpfe, und nicht leicht bewegliche; denn es wird offenbar eine gewisse bestimmte Spannung der Nerven erfordert, um ihn hervorzubringen. Schwäche und dabei reizbare sind ihm sehr günstig, wenn sie nur nicht allzu schwach sind, doch scheint sich dieses hauptsächlich nur auf den Reiz der Neuheit im engen Verstande, oder auf die Neugierde einzuschränken, und sich nicht so auf die Liebe zur Veränderung ausdehnen zu lassen.

Daher das feinet und schwächer gebaute weibliche Geschlecht die Neugierde oft bis zum Uebermaas treibt, ohne deßwegen von der Liebe zur Veränderung sehr hingerissen zu werden; daher auch Greise, deren Nerven-System schwächer zu werden anfängt, zwar Neuigkeiten lieben, in der Veränderung aber nichts angenehmes mehr finden: woher es auch kommen mag, daß Greise gewöhnlich argwöhnisch sind, welches alsdann die Neugierde wieder in ihnen erwekt.

Endlich trägt auch Erziehung und Gewöhnung zu Erweckung eines stärkern oder schwächern Reizes der Neuheit, und einer größern oder geringern Liebe zur Veränderung vieles bei. Es ist unnöthig zu beweisen, welchen Einfluß Erziehung und Gewöhnung auf alle Leidenschaften so wohl als Fertigkeiten hat: man könnte daher schon als erwiesen voraussetzen, daß sie auch auf die Liebe zur Veränderung ihren mächtigen Einfluß haben müße, allein die Erfahrung bestätigt es über diß noch. An und vor sich hat gewiß das weibliche Geschlecht die nemliche Anlage zur Liebe zur Veränderung wie das männliche, nur seine von der Bildung des Knaben und Jünglings sehr verschiedene Erziehung scheint sie einiger masen zu ersticken. Der Knabe und Jüngling wird gleich von Jugend auf in mehrerlei Lagen gesetzt, kommt in verschiedenere Verhältnisse und an mehrere Orte, da hingegen das Mädchen gemeiniglich bis zum mannbaren Alter in dem Hause ihrer Eltern aufwächst: daher man auch bei solchen Mädchen,

die

III. Ueber den Reiz der Neuheit.

die ihr Schickſal in der Jugend in mehrfache Verhältniſſe ſezte, und ſie weiter umhertrieb, die Bemerkung machen kann, daß ſie eben die Liebe zur Veränderung beſizen, wie Jünglinge, wie dann die Mädchen und Weiber eines nomadiſchen Volkes, gewiß eben ſo wenig gerne lang an einem Ort bleiben, als ihre Jünglinge.

Aus dieſem allem ſcheinen nun folgende praktiſche Schlüſſe gezogen werden zu können, daß man in der Erziehung, weil nun einmal beim Kind und Knaben der Reiz der Neuheit und Veränderung da iſt, ihm nie zu lang einerlei Beſchäfftigung auflege, um den ſo ſchädlichen Ekel davon zu verhüten, d) und den raſchen feurigen Jüngling wo möglich in eine Lage ſeze, in welcher er zur Ausübung

---

d) S. Allg. Reviſion des geſammten Schul=und Erziehungsweſens, 8ter Th. S. 166 = 168.

mancherlei Geschäffte Gelegenheit hat, und wo er also seinen unwiderstehlichen Hang zur Veränderung befriedigen, und doch seine Kräfte zugleich üben, und durch Erfüllung seines natürlichen Thatendrangs etwas nützliches zu Stande bringen kann.

IV.

IV.

Ueber
das Feyerliche
gewisser
Jahrszeiten.

IV.
Ueber das Feyerliche gewisser Jahrszeiten.

Gewisse unerklärbare Empfindungen und dunkle Gefühle von Nebenideen erweckt, deren wir uns öfters selbst nicht bewußt sind, haben, wie theils Herr Professor Abel in der Abhandlung über das Feyerliche der Sonn- und Festtage bemerkt, theils die Erfahrung lehrt, grosen Einfluß auf die menschliche Seele, und bestimmen nicht selten unsere Gesinnungen und Handlungen.

Was nun Herr Professor Abel in der angeführten Abhandlung vom Gefühl des Feyerlichen an Sonntagen meldet, das habe ich eben so von gewissen Jahrszeiten bemerkt.

Es ist überhaupt bekannt, daß jede besondere Jahrszeit ihren starken Einfluß auf uns hat, und zwar dieses nicht nur auf unsern Körper, sondern in gleichem Grade auch auf die Seele, welcher jede eine eigene Stimmung gibt. Allein ausser dem, gibt es noch einen gewissen unbestimmten dunklen Eindruck, welchen bald diese bald jene Jahrszeit auf uns macht, und der sich nicht aus der natürlichen Beschaffenheit derselben allein erklären läßt, weil er bei verschiedenen Subjekten verschieden ist. So bemächtigt sich z. B. meiner immer eine gewisse eigene dunkle Empfindung, welcher ich keinen Namen zu geben weiß, wenn ich des Sommers um die Zeit der Ernde durch ein reifes Kornfeld dahin wandle, oder wenn ich die emsigen Schnitter die volle Halmen abmähen, auf Wägen laden, und nach Hause führen sehe. Es ist mir da immer so inniglich wohl, mein Herz erweitert sich, ich fühle mein Daseyn mit doppelter Wonne, und ich kann mich jedesmal alsdann nicht enthalten, mich in die Jahre meiner Kindheit und meiner ersten Jugend zurück zu denken, und da alle die un-
schul

gewisser Jahreszeiten. 73

schuldigen Freuden der Kindheit und Jugend, die ich damals genoß, durch Rückerinnerung wieder zu schmecken. Und diß Gefühl bemeistert sich meiner, ich mag einsam oder in Gesellschaft einen solchen Spaziergang machen, nur daß es im erstern Fall stärker und lebhafter, und nicht selten auch von einigen wehmüthigen Freudenthränen begleitet wird, ich bin da ganz in der Erinnerung meiner Kinder- und Jugendjahre so selig.

Ein ähnliches Gefühl, nur von etwas anderer Art, ergreift mich auch im Herbst besonders zur Zeit der Weinlese. Wenn ich da von der Höhe der weinbewachsenen Berge unter dem Schöckern oder Jauchzen der Winzer in die vor mir liegende Ferne bis an ihre durch bläulichte Berge eingeschlossene Grenze hinein blicke, da hebt sich mein Herz hoch, ich steige mit meinen Gedanken über die Himmel empor bis zum Unendlichen, und bin ganz im Wonne-Taumel versunken. Schnell rufe ich mir dann alle frohe Aussichten, die ich in die Zukunft habe, in meine Seele zusammen, und freue mich dann, daß ich noch weitere Hoffnung zu

E 5 Freu-

Freuden voraussehe. Ueberhaupt ist da Hoffnung die einzige und Hauptleidenschaft meiner Seele.

Kommt dann der Winter, so macht auch dieser, besonders die Zeit der Christ-Feyertäge, wieder neue Eindrücke auf mich. Der erste Schnee erwekt immer angenehme Empfindungen in mir, es ist mir da so wohl in der eingeheizten Stube, und ich sehe von meinem Fenster aus die weisse Natur mit Entzücken an. In den Christ-Feiertägen besonders, unerachtet diese eine Zeit der meisten und gehäuften Arbeiten für mich sind, fühle ich mich nicht nur zu diesen ungewöhnlich aufgelegt, sondern es herrscht auch in meiner Seele immer eine entzükende Freude, die auch mit religiösen eben so freudigen Empfindungen verbunden ist.

Was ich aber an mir bemerke, läßt sich eben so leicht nur auf verschiedene Art auch an jedem nicht ganz gefühllosen Menschen beobachten. Auf jeden machen die verschiedene Jahrszeiten einen ihrer Natur und feiner individuellen Seelen-Anlage nach verschiedenen

denen Eindruck, und erwecken gewisse Empfindungen und dunkle Gefühle in ihm, die auch auf seine Gesinnungen und Handlungen Einfluß haben. Der Winter begräbt uns mit der Natur gleichsam in uns selbst, benimmt die Lust zum freien Genuß der offenen Natur und zu den sonstigen Ergözlichkeiten des Lebens, fesselt uns anhaltender an unsere Berufsarbeiten und macht manchen mürrisch und mismuthig. Daher man unter andern gewöhnlich die Bemerkung machen kann, daß der Meß=Katalog der Ostermesse meistens reicher an litterarischen Produkten ist, als der von der Michaelismesse weil jene auf den Winter, und diese auf den Sommer folgt, die Gelehrten aber im Winter lieber als im Sommer in ihrer Studierstube sizen, und über ihren Geistes=Produkten brüten.

Mit dem wiederkehrenden Frühling kehrt alsdann auch wieder die völlige Heiterkeit unsers Geistes zurück; so wie die Natur wieder auflebt, kommt auch in unsere Seele wieder neues Leben; das neue Kleid der Erde gibt auch uns eine neue Gestalt, und lockt uns an

sich.

sich, lockt uns wieder zu näherer Betrachtung der Schönheiten der Natur, entleidet uns den engen Raum unserer Stube und unsers Hauses, und ruft uns hinaus ins freye offene Feld. Daher der arbeitsame Landmann alsdann plötzlich auch seine Feldgeschäfte wieder beginnt, und die Heerstrasen von müßigen Städtern wimmeln, die sich im Spazieren gehen an der neuen Frühlingsluft laben.

Die drükende Hize des Sommers drükt darauf unsern Geist auch wieder nieder, matt und müde schleichen wir am Abend des Sommertages einher; und doch wekt auch da besonders die Länge des Tages zu hohen und grosen Empfindungen.

Der Herbst hat endlich auch wieder starke Wirkungen auf unsere Seele. Er hat etwas feyerliches, etwas schauerlich süsses, die absterbende Natur, die allmählig sich entblätternde Bäume, die anfangende Rauhigkeit der Luft: dieß alles wirkt mit unwiderstehlicher Kraft auf unsere Seele, und bewegt leicht den Phantasie-reichen Jüngling oder Mann, sich in Gedanken selbst jenseits des Grabes hinüber zu schwingen. Hier

gewisser Jahreszeiten.

Hieher gehört auch die Erfahrung, die Hr. Spazier im Moritzischen Magazin 3ten Bandes 2tes Stück, S. 165 ff. von sich anführt, wo er erzählt, was für einen Eindruck noch jetzt die Herbstwitterung und das durch sie verursachte Herabfallen der dürren Baumblätter auf ihn macht, und zugleich den Ursprung dieses Eindruks von seinen Kinderjahren her meldet.

Kurz die Erfahrung beweiset, daß jede Jahrszeit ihren gewissen eigenthümlichen Einfluß auf uns hat, daß aber gewisse Jahreszeiten noch besondere Empfindungen und dunkle Gefühle erwecken, wozu irgend eine andere Veranlassung vorhanden seyn muß, weil diese nicht immer aus der natürlichen Beschaffenheit der Jahreszeit erklärt werden können, und sich nicht bei allen Menschen gleich so befinden.

Laßt uns nun versuchen, wie so wohl das allgemeine als das besondere Gefühl des Feyerlichen zu gewissen Jahrszeiten erklärt werden könne. Jener allgemeine Eindruck, welchen Winter, Frühling, Sommer und Herbst

Herbst auf jeden Menschen machen, ist offenbar körperlich, und wirkt hauptsächlich nur auf den Körper, und von diesem erst auf die Seele. Die Ursache von diesen Empfindungen ligt wirklich und allein in Luft, Sonne, und Witterung. Die Winterluft ist von der Frühlingsluft, diese von der des Sommers, und diese wieder von der Herbstluft zu merklich unterschieden, als daß sie nicht auch in unserm Körper und durch ihn in der Seele verschiedene Veränderungen hervorbringen, und dadurch auch gewisse verschiedene Gefühle in uns erwecken sollte. Die Sonne dünkt uns nicht nur im Frühling lieblicher zu scheinen, sie scheint auch wirklich lieblicher; das Gefühl des Todes im Herbst wird durch das wirkliche Absterben der Natur erwekt; die Liebe zum einsamen Zimmer im Winter wirklich durch die unangenehme Wirkung der Kälte auf unsern Körper, und die Empfindung des Hohen und Grosen im Sommer wirklich durch den Anblick und die Empfindung des majestätischen und mächtigen Glanzes der hoch am Horizont stehenden Sonne.

Jene

Jene besondere Gefühle aber, welche nur zu gewissen Jahrszeiten und beinahe bei jedem Menschen auf andere Art entstehen, und uns dardurch jene Jahrszeiten besonders feierlich machen, laſſen ſich nicht ſo aus den äuſſerlichen Wirkungen der Sonne, Luft und Witterung erklären, ſondern es müſſen dabei andere wirkende Urſachen zu Hülfe genommen werden. Sonne und Luft und Witterung können unmöglich die Urſache, wenigſtens nicht die einzige oder vornehmſte ſeyn, warum ich im Sommer zur Erndezeit mich immer mit entzükenden Gefühlen in meine Kindheit und erſte Jugend zurück zu denken gedrungen, oder warum ich im Herbſt ſo ſehr zur Hoffnung geſtimmt werde, und in den Chriſtfeiertägen mitten unter den gehäufteſten Arbeiten ſo froh bin, und mich daneben meiner Religion und meines Gottes freue. Auch ſind offenbar die Urſache des leztern nicht blos und allein die häufige und feierliche Religionsübungen in dieſen Tagen: denn warum ſollte alsdann dieſes Gefühl nicht eben ſo auch an andern Feiertägen, beſonders wo ſie eben ſo gehäuft sind, entstehen? Es müssen also andere veranlassende Ursachen vorhanden seyn, und ich glaube, sie in gewissen in der Kindheit empfangenen Eindrücken finden zu können. So lang ich noch niedere Schulen besuchte, war es gewöhnlich, daß um die Zeit der Ernde-Ferien gegeben wurden. Nun erinnere ich mich noch ganz wohl, daß ich und die Gespielen meiner Jugend einen grosen Theil dieser Zeit dazu gebrauchten, theils in den reifen Kornfeldern zu wandeln, und den geschäftigen Arbeitsleuten in der Ernde zuzusehen, auch wohl auf einem von Garben hochaufgethürmten Kornwagen nach Hause zu fahren, theils auf ein benachbartes Dorf zu Anverwandten, wo wir immer viele Freuden genossen, zu gehen. Hier erweken nun natürlich theils das Gefühl der Freiheit von dem lästigen Zwang der Schule, theils die viele Freuden, die ich auf jenem Dorfe genoß, theils vielleicht auch die Empfindung des Wohlbehagens bei dem Fahren auf den aufgethürmten Garben, auch das Gefühl für die Schönheit der Natur zu selbiger Zeit, in welcher ich jene Freyheit und

jene

jene Freuden genos, und drükten dieses Gefühl der jungen Seele so stark ein, daß noch jezt diese Jahrszeit jenes Angenehme und Feyerliche für mich hat, und ich mich dabei nach den Gesezen der Ideen-Assoziation immer in jene Jugendjahre zurük zu denken mich gedrungen fühle.

Es scheint also daraus zu folgen, daß die Ursache, warum uns gewisse Jahrszeiten immer besonders feyerlich dünken, in einem in der Kindheit oder ersten Jugend erhaltenen Eindrucke liege, und daß angenehme Begebenheiten in jenem Zustand der Seele, wo Gehirn und Nerven noch weich, und allen Eindrücken noch offen sind, ein gewisses bleibendes Gefühl in derselben zurücklassen, das nicht leicht wieder erlöscht, und das nicht nur jene angenehme Begebenheiten in erfreulicher Erinnerung läßt, sondern auch zugleich der Zeit, in welcher sie vorfielen, auch dann noch, wann sie mit derselben nicht mehr verbunden sind, in unserer Vorstellung etwas Angenehmes und Feyerliches gibt. Denn aus dem nemlichen Grundsaze läßt sich nun auch erklären, warum

rum im Herbst die Hoffnung meine Hauptleidenschaft wird. Es waren auch da wieder Ferien, und das Angenehme derselben, verbunden mit dem Angenehmen einer Weinlese beizuwohnen, mußte auch wieder angenehme und feyerliche Gefühle erwecken; Darzu kommt noch, daß ich damals gewöhnlich bei jeder Weinlese die Hoffnung, wieder eine dergleichen Freuden zu geniessen, hatte, und während einer jeden die angenehme Vorstellung: auch wann alle vorbei sind, hören doch die Ferien noch nicht gleich auf; welches dann leicht die Hoffnung überhaupt zum herrschenden Gefühle in dieser Jahrszeit machen konnte. Eben so leicht läßt sich nun auch das Feyerliche der Christfeyertage, das die meisten Menschen fühlen, erklären: denn es kommt wahrscheinlich von den in der Kindheit und Jugend um diese Zeit empfangenen Christgeschenken her, die uns von Kindheit auf diese Zeit besonders angenehm machten, und, weil sie zugleich auch dem Andenken einer für den Christen wichtigen Begebenheit gewidmet sind, religiöse Empfindungen damals, im Kinde und Knaben

er-

gewisser Jahrszeiten.

erwecken mußten, und nun auch noch im Jünglinge und Manne hervorbringen. Die schon angeführte Erfahrung des Herrn Spaziers beweißt eben dieß, daß gewisse besondere Empfindungen zu gewissen Jahrszeiten in einem in der Kindheit oder Jugend erhaltenen Eindruck ihren Grund haben müssen. Ich will das, was zu dieser Absicht nöthig ist, mit Weglassung des übrigen aus dem Miorizischen Magazin hieher abschreiben.

Hr. Spazier erzählt:
„So oft ich im Herbste spazieren gehe, und „besonders gelb gewordene Baumblätter her„abgeworfen sehe, so oft fällt mir eine Scene „aus meiner ersten Kindheit ein. Ich konnte „noch nicht über sechs Jahre alt seyn, als ich „an einem Sonnabend um eilf Uhr aus der „Schule kam. Auf meinem Wege nach Hause, „sang ich mir etwas von dem Liede, das zum „Schlusse der Woche gesungen worden war, „und meine junge Seele hieng besonders an „dem Bilde, das im ersten Psalm vorkommt, „und wo der Fromme mit einem Baume ver„glichen wird, der an Wasserbächen stehe.
„Dieß

„Dieß Bild war in diesem Liede nachgeahmt,
„und ich kann nicht sagen, mit welcher Freude
„ich das Bild bei mir unterhielt, und mit wel-
„cher Innigkeit und herzlichen kindischen Ein-
„falt ich besonders die Worte sang:

„Seine Blätter werden alt,
„Und doch niemals ungestalt;
„Gott gibt Glück zu seinen Thaten,
„Was er macht, muß wohl gerathen.

— — — — — — — — — —
— — —. — — — — — — —

„Vorzüglich erinnerlich ist mir noch dieses, und
„das vermehrte die Stärke des Eindrucks. —
„Wie ich so im besten Singen begriffen war,
„befand ich mich unter einem grosen Nuß-
„baum. Ein heftiger Herbstwind, der den
„ganzen Tag über anhielt, rauschte stark
„in die dürre Baumblätter, und ich stand
„mitten in lauter gelben Nußblättern. Das
„Rauschen meines Fusses in denselben war
„mir etwas schreckhaft, und noch jezt gehe
„ich nicht gern durch einen Haufen zu-
„sammen gewehter Blätter.

„Ich

„Ich weiß noch eben, wie ich unter dem
„Baum da stand, und mit einer gewissen
„Wehmuth in die halb entblätterten Aeste
„lange Zeit hinauf sah, bis mein Bruder
„hinzukam, und mich nach Hause rief."

Aus diesen Bemerkungen können nun, besonders für die Erziehung, sehr fruchtbare Betrachtungen und Verhaltungsregeln hergeleitet werden.

Man sieht erstlich daraus, wie wirksam aufs ganze Leben gewisse Eindrücke sind, die man in der Kindheit oder Jugend empfangen hat, und wie viel es also darauf ankommt, unter welche Umstände man seinen Zögling versezt, in welchen er entweder diese oder jene, entweder gute oder schlimme Eindrücke erhält. Statt aller weiteren Ausführung dieses Sazes will ich hier abermal etwas hersezen, was Hr. Spazier in dem genannten Aufsaze aus seiner Erfahrung folgert:

S. 110 f.

„Wie behutsam muß man bei der Wahl der
„ersten Eindrüke und Bilder seyn, die man,
„so viel es in unserer Gewalt steht, in ihnen

„rege macht, und ihnen vor die Seele führt!
„Wie viel Vorsichtigkeitsregeln sind dabei zu
„beobachten, weil dergleichen Eindrücke in
„spätern Jahren sehr oft unerklärbare Neigun-
„gen, Abneigungen, Launen und Gewohnhei-
„ten erzeugen, und sich nicht selten in uner-
„kannte Motive zu Handlungen formiren!
„Schon daraus, wenns auch an sich nicht
„schon schädlich wäre, erhellet, wie sehr man
„sich in Acht nehmen müsse, Kindern unschik-
„liche und schrekhafte Vorstellungen von Gott
„und aberglaubische Schilderungen von der
„Hölle und Gespenstern beizubringen, und ih-
„nen grämliche menschenfeindliche Bilder von
„der Welt und andern Menschen zu entwer-
„fen.

„Warum wollen wir ihnen nicht lieber, so
„viel wir können, alles unter der Gestalt des
„Angenehmen darstellen, und ihnen schon die
„erste Scenen ihres frohen Jugendalters im
„voraus verfinstern, da sie überdem noch man-
„chen Regentag erleben müssen, und des dicken
„Nebels noch genug übrig bleibt, der ihnen
„die freie Aussicht benehmen wird?"

Zwei-

Zweitens folgt aus diesen Bemerkungen: wenn die angenehmen Eindrüke, welche die Ferien in der Ernde und im Herbst auf uns machen, uns die Schönheit der Natur auf unser ganzes Leben um so fühlbarer machen, wie unphilosophisch und unpädagogisch also diejenigen handeln, die immer über diese Ferien schreien, und sie abgeschafft wissen wollen. Mag es doch seyn, daß Kinder durch dieselbigen in ihren gelehrten und litterarischen Kenntnissen in etwas zurückgesezt werden: ist denn der Gewinn nicht viel gröser, den sie dadurch von der Gewöhnung an das Gefühl für die Schönheiten der Natur erhalten, als der kleine Verlust, den sie dabei an ihren wissenschaftlichen Kenntnissen leiden? oder zerbricht nicht endlich der Bogen, der zu hart und zu lange gespannt bleibt? Bedenkt man dabei, wie ekelhaft gewöhnlich der Unterricht in diesen Wissenschaften dem Knaben gemacht wird: so müßte man wahrlich für seine Seele und für seinen Körper zittern, wenn nicht durch solche Zwischenräume auch wieder andere Empfindungen in ihnen erwekt würden. Bedenkt man,

man, was für ein freudenleeres Leben derjenige führen muß, der todt und gefühllos für die Schönheiten der Natur ist: wie sehr sollte man sich dann hüten, das Gefühl für dieselbigen auf irgend eine Art in einem Kinde zu ersticken! Nein, man lasse immer diese unschuldige Erhohlungen stehen, wenn sie die vortrefliche Wirkung haben, dieses Gefühl zu erwecken; man mache es vielmehr zu einem besondern Gegenstande der Erziehung und des Unterrichts, die Kinder auf die grosen und mannichfaltige Schönheiten der Natur aufmerksam zu machen, da das Gefühl für dieselben aufs ganze Leben so mächtigen Einfluß hat.

Eben so ist drittens aus der nemlichen Ursache die beinahe allgemein eingeführte Gewohnheit der Christ-Geschenke auch nicht zu verwerfen. Sie machen nicht nur das Kind mit dem sonst so traurigen Winter zufriedener, sondern machen ihm auch die Zeit, in welcher sie gegeben werden, um so wichtiger. Es wird durch dieselben in der Seele des Kindes ein nüzliches Andenken an diese Zeit

Zeit erhalten, lange Zeit vorher freut es sich schon darauf, es kann aber die Zeit der Christ-Geschenke nicht denken ohne sich zugleich auch an die Begebenheit zu erinnern, deren Andenken in jenen Tagen gefeyert wird.

Die Freude über das zu hoffende oder schon erhaltene Geschenk vergesellschaftet sich dann ferner immer auch mit der Freude über diese Zeit selber und den Gegenstand ihrer Feyer. Die Freude macht das Kind alsdann williger, sich zu eben dieser Zeit auch in diesem Stücke seiner Religion unterrichten zu lassen, das sich ohnehin seinen gewohnten Vorstellungen so leicht anpassen läßt, es wird unvermerkt an eine freudige Feyer dieser Zeit gewöhnt, und so entstehen badurch gewisse religiöse Empfindungen, die sich auch noch beim Manne nicht verbergen oder unterdrücken, selbst mit Gewalt und Vorsaz nicht unterdrücken lassen. Religion aber, praktische Religion kann offenbar ohne Empfindungen nicht bestehen. Es wird also immer von beträchtlichem Nuzen seyn, wenn durch gewisse Veranstaltungen schon im Kinde religiöse Empfindungen erwekt werden, die auch der Mann noch fühlt: nur daß man dabei verhüten muß, daß diese Empfindungen nicht überspannt werden, und zulezt in Schwärmerei übergehen, welche der Religion eben so gefährlich und schädlich, als gänzlicher Mangel an Empfindungen ist, oder daß nicht das Kind Empfindungen ohne Ueberzeugung und Kenntnisse erlangt, welches leicht durch verkehrte Anwendung der Christ=Geschenke geschehen könnte.

V.

Bemerkungen

über den

gewöhnlichen Gang

der

Phantasie

an

einem Beispiel.

V.

Bemerkungen über den gewöhnlichen Gang der Phantasie. An einem Beispiele.

Erstes Stück.

Die Wirkungen der Phantasie, der dem Menschen angebohrnen Schöpferskraft, sind so verschieden und mannigfaltig, daß sie bisher noch nie, man mag sie im gesunden oder kranken, im Zustande des Wachens, Schlafens oder Traums betrachten, auf gewiſſe feſt beſtimmte Geſeze mit Gewißheit reduzirt worden ſind; und es wird wol auch für immer ſchwer bleiben, dieſe Seelenkraft, die ſich ſelbſt

selbst so gar nicht an regelmäsige Geseze zu binden scheint, auf solche zurück zu führen, und ihre Wirkungen nach denselben zu bestimmen.

Indessen scheint es auch nur so, als ob sich die Phantasie an keine gewisse Geseze bände; die Natur, die sich überall gleich bleibt, muß auch hier der Phantasie einen gewissen bestimmten Weg vorgezeichnet haben, der zwar nicht leicht bemerkbar ist, aber deswegen doch keine Null seyn kann.

Es mag daher wol der Mühe werth seyn, ihre Wirkungen nicht nur, wie bisher schon häufig geschehen, im kranken Zustande, in Delirien, Wahnsinn ꝛc. zu betrachten, sondern ihren **gewöhnlichen Gang** auch im gesunden Zustand auszuspähen. Sehr **weit ausgebreitet** sind sie freilich diese Wirkungen, und es ist oft in der That zum Erstaunen, wie sich die Phantasie so überall einmischt.

Besonders ist dieses beim **Historischen** der Fall. Die Geschichte, gleichviel ob es wahre oder erdichtete ist, die leztere um ihres eigen-

eigenthümlichen Interesse willen öfters noch mehr, versezt unsern Geist ganz aus der Gegenwart in die Vergangenheit, versezt ihn gleichsam in die Gesellschaft derjenigen Personen, deren Geschichte wir lesen oder hören, versezt ihn an diejenigen Oerter, wo diese oder jene Geschichte vorgegangen ist, und nun kann die Phantasie nicht ruhig bleiben, sie malt uns alsdann alle diese Oerter wirklich vor, sie häuft Bilder auf Bilder, wir hören oder lesen nun nicht mehr blos, wir glauben nun selbst auf dem Schauplaz der Geschichte zu stehen, wir sehen die handelnde Personen handeln, wir begleiten sie von Ort zu Ort, und sind überall gleichsam ihre lebendige Beobachter.

An mir wenigstens habe ich die Bemerkung öfters, und nie ohne nachherige Verwunderung gemacht, daß mir meine etwas lebhafte Phantasie unter dem lesen so wol wahrer als erdichteter Geschichten bei jeder geringen in der Geschichte geschilderten Lage eines Orts oder einer Person u. dergl. jedesmal das lebhafteste Bild vormalt, und dabei nicht

nicht selten so verschiedene, zwar in der wirklichen Natur immer, nur aber nie in dieser Verbindung vorhandene Bilder kombinirt, daß in der That schon deswegen die Phantasie den Namen einer schöpferischen Kraft verdient. Nur ein Umstand ist vermögend, ihre Wirkungen in diesen Fällen zu hemmen; diß ist der, wenn die Geschichte, bei deren Lesung sie wirken soll, zum Theil in Kupferstichen geschildert ist. Hier bleibt die Phantasie, bei mir wenigstens, gänzlich unthätig, in jedem Theil der Geschichte, der durch wirkliche Bilder ausgedrückt wird, schafft sie sich keine eigene, sondern hält sich an die in den Kupferstichen vorgestellten.

Diß sind nun einige Präliminar-Beobachtungen von den Wirkungen der Phantasie, allein um die Geseze ihres gewöhnlichen Ganges zu bestimmen, sind diese noch weit nicht hinreichend. Von solchen mannigfaltig verwickelten und sich durchkreuzenden Wirkungen können die Geseze derselben nur durch sorgfältige und vielfach angestellte Beobachtungen eines jeden einzelnen Bildes bestimmt wer-

werden. Und diß ist nun die Absicht der gegenwärtigen Abhandlung. Ich werde, um ganz sicher zu gehen, und dadurch Gewißheit zu erlangen, nur aus unläugbaren Erfahrungen Folgerungen herleiten, die alsdann tüchtig sind, gewisse Geseze durch sie zu bestimmen. Es werden also zuerst alle vorzüglich lebhafte Bilder, die sich mir bei der Lesung einer Geschichte aufdrangen, der Reihe nach aufgeführt, diese Bilder durch Erzählung der etwanigen Veranlassungen dazu erklärt, und aus diesem allem alsdann die sich ergebende Resultate gezogen werden.

Zum Behuf dieses Geschäftes muß ich eine Geschichte wählen, die ich in den ersten Jahren meiner Jugend las, wo die Phantasie am lebhaftesten, und also die durch sie hervorgebrachte Bilder häufig und deutlich genug waren, um sich ihrer noch durch Rückerinnerung bewußt seyn zu können. Um des oben schon angeführten eigenthümlichen Interesses willen, das auf die Phantasie um so stärker wirkt, wähle ich am liebsten eine erdichtete Geschichte, oder einen gut geschriebenen Roman, und zwar die Geschichte Wilhelm Edelwalds, eines verlohrnen Sohnes.

Ich muß, um nicht in unnöthige Weitläuftigkeit zu gerathen, voraussezen: 1) Daß diese Geschichte den meisten meiner Leser bekannt sey; 2) daß man nicht über Mikrologien schreien werde, wenn die Bilder oft allzugeringfügig scheinen; 3) daß sich die Phantasie niemalen so deutliche Bilder von Personenschaft, als von Oertern, Gegenden, Städten, Häusern, und ihren Zimmern u. dgl. daher auch die von den erstern nie werden angeführt werden, es wäre denn, daß die Phantasie sich besonders ausgezeichnete Personen lebhaft vergegenwärtigte; und endlich noch bitten, daß die Gedult des Lesers nicht ermüde, während des ersten Abschnittes, wenn Oerter, Häuser, Gegenden vorkommen, die in der Wirklichkeit zwar mir bekannt sind, aber unmöglich jedermann es seyn können. Allein es ist diß um der folgenden Abschnitte willen nothwendig, worinn alles aufgeklärt werden wird.

Nun zur Sache:

Erster Abschnitt.

Erzählungen. Bilder.

Das Dorf, wo Edelwald der Vater Justiz-Amtmann war, stellt mir meine Phantasie als das Dorf Schöckingen 2 Meilen von Stuttgart vor, wohin ich öfters kam, und seine Wohnung als das dortige Pfarrhaus.

Anstatt der Wiese, auf welcher Edelwald mit seiner Gattin gewöhnlich spazieren gieng, malt mir die Phantasie ein weites Feld vor, das zu dem genannten Dorfe Sch. gehört, und gerade hinter dem Pfarrhause und dem darzu gehörigen Garten ligt, an dessen Ende und längs den Zäunen der daran stosenden Gärten ein angenehmer Spazierweg hinlauft.

Das benachbarte Städtchen, von welchem Pastors Hans herkam, scheint mir in meiner Einbildungskraft dem Dorfe Schöckingen zur rechten Seite zu liegen, so daß der oben genannte Spazierweg darauf führte, der in der Wirklichkeit auf die Dörfer Heimerdingen und Eberdingen führt.

Das Bild des Gartens, worinn Wilhelm und der ungezogene Emil während des Besuchs des sogenannten Herrn Raths und seiner vornehmen Gemahlin sich aufhielten, war mir anfänglich der Grasgarten hinter dem Pfarrhaus zu Schöckingen: so bald aber das Abschlagen der Mohnköpfe vorkam, so verwandelte es sich in das vor dem Grasgarten ligende Küchengärtchen.

Die Laube, worinn die Alte sasen, stellte ich mir wieder in jenem hintern Grasgarten, unter dem dortigen Gartenhäuschen befindlich, vor.

Das Zimmer, worinn Hr. Stubenreuter seine gelehrte Vorlesungen hielt, ist mir das Wohnzimmer des Pfarrhauses zu Sch. und zwar denke ich mir ihn mit seinem Zögling an dem vordern runden Tisch unter dem Spiegel.

Nun kommt aber in der Geschichte auch ein wirkliches Prediger-Haus vor: Wo wird nun die Phantasie dieses hinsezen, da sie bisher das Haus des Amtmanns in das Pfarrhaus zu Schöckingen logirte? Allein auch hier muß

muß es eben wieder in dem Pfarrhause seyn, und zwar Stubenreutern, Liebichen und den Prediger an dem vordern, Lisgen aber an einem hintern Tischgen.

Der Garten, worinn Stubenreuter seinen unglüklichen Fall mit Lisgen that, ist mir zwar auch wieder der hintere Grasgarten des Pfarrhauses zu Schöckingen, aber nicht ganz; der Beisaz: grösern Garten, macht, daß die Phantasie noch etwas hinzusezt, und jenen theils vergrösert, theils weiter vorrückt, und den Eingang an einen andern Plaz sezt.

Bisher aber verweilte sich nun die Phantasie immer noch in dem Dörschen Sch. mit der Versezung Edelwalds in die Stadt aber schwingt sie sich nun auch weiter, und zwar nach Ludwigsburg. Sein neues Wohnhaus stellt sie in die Gegend des Herzoglichen Schlosses, doch ist dabei die eingebildete Strase ganz anderst beschaffen, als dort in der Wirklichkeit. Das Konzert, worinn Edelwald den nachmaligen Erzieher seines Sohnes, Werloff, kennen lernte, dünkt mir in dem grosen Konzert-Saale zu Tübingen gewesen zu seyn. Diß

Diß sind die merkwürdigste Bilder des ersten Kapitels.

II. Kap. Die innere Beschaffenheit der neuen Wohnung Edelwalds in der Stadt ist aus Bildern von verschiedenen Häusern zusammen gesezt. Das Hauptbild ist von dem ehemaligen Hause meiner Aeltern zu Tübingen genommen, wo besonders Werloffs Zimmer mir das mittlere Zimmer jenes Hauses im zweiten Stockwerk zu seyn dünkt; das übrige des Bildes ist aus einem gewissen Hause zusammen gesezt, worinn ich zwar in meiner Kindheit ein= oder mehrmal gewesen zu seyn mich erinnere, wovon ich mir aber des Orts und des Eigenthümers nicht mehr bewußt bin.

Zu der Redoute, worauf Werloff die hinterlistige und boshafte Behandlung der Frau Räthin erfuhr, borgt mir die Phantasie das Bild des grosen Opern=Theaters zu Stuttgart, das sie aber nicht in das Opern=Haus sondern in das neue Residenz=Schloß daselbst verfezt. Das Zimmer des Gymnasiums, worein Wilhelm durch Werloff geführt wurde, scheint mir nicht, wie es doch natürlicher wäre, als ein Zimmer des Gymnasiums zu St. sondern als die erste Klasse der sogenannten anatolischen Schule zu Tübingen.

Bei dem Hause des Raths, des Bruders Edelwalds, schwingt sich nun die Phantasie plözlich wieder nach Schöckingen in das dortige Pfarrhaus. Die Küche, wo die alte Köchin der ganzen Hausgenossenschaft die Liebschaft des Hofmeisters Kräußlers und des Kammermädchens Lorchens erzählte, ist die dortige Küche und sein Zimmer, worinn er mit Lorchen zusammen kam, ein Parterre-Stübchen im nehmlichen Hause, das aber in der Wirklichkeit nicht existirt.

Und da sich nun die Phantasie einmal wieder nach Sch. begeben hat, so bleibt sie wieder da: Edelwalds Haus ist nun auch wieder zu Schöckingen, und er empfängt die Besuche des Barons von Ochsenstein, und des Sekretärs Mehlkopfs, daselbst, nur bei den Besuchen des Herrn Fabers ist sie einigermasen wieder in der Stadt zu Ludwigsburg.

Das dritte Kapitel gibt keine Bilder.

IV. Kap. Der Garten, worinn Wilhelm von Julianen Abschied nahm, ist aus zwei Bildern zusammen gesezt, erstlich aus dem von dem Garten hinter dem Pfarrhause zu Schökkingen, und dann, weil von Taxus u. dgl. die Rede ist, hinter welchem sich Werloff verstekte, aus dem von dem ehemaligen Garten meiner Aeltern zu Tübingen.

Das Städtchen, worinn Werloff Wilhelm und Wilde frühstükten, und der Predigers-Wahl beiwohnten, malt meine Phantasie als Cantstatt ein Land-Städtchen in der anmuthigsten Gegend am Neckar, eine halbe Meile von Stuttgart. Das Wirthshaus sezt sie auf den Marktplaz neben das Rathhaus, wo aber in der Wirklichkeit kein Wirthshaus steht, und die Kirche, worinn die Predigers-Wahl und Probe vorgieng, ist nun natürlich die Kirche zu Cantstatt.

V. Kap. Das Haus, worinn sich Werloff mit seinem jungen Edelwald auf der Universität einquartirte, stellt sich mir als das Haus des Prof. H..s zu Tübingen vor, die Treppe aber, von welcher Frölich bei Nacht einst

einst herabkam, und von der Madame Willigs so zärtlich umarmt wurde, versezt meine Phantasie in das Diaconathaus zu Canstatt auf diejenige Treppe, durch die man vom zweiten ins erste Stockwerk herunter kommt.

Das öffentliche Haus, worinn Edelwalds Vetter, Emil, vom Duell verwundet lag, ist mir ein sehr frequentes Wirthshaus zu Tübingen vor dem Lustnauer Thor an der Chaussee.

Henriettens und ihrer Mutter Haus, worinn Edelwald den ersten Schritt zu seinem Unglück that, dünkt mir zu Tübingen in einer sehr schmuzigen Strase, unweit des Fechtbodens zu stehen, zu dem Wohnzimmer aber kann ich in der wirklichen Natur kein Bild finden, das ganz dazu paßte, und es völlig ausdrükte. Das Bild, das sich meine Phantasie von diesem Wohnzimmer schaft, ist aus mehreren zusammen gesezt, ich kann aber nicht bestimmen, welches den gröſten Antheil daran hat. Das Zimmer scheint mir sehr klein, der Thüre zur linken der Ofen, vorne eine ganze Reihe Fenster, so breit es ist, nach alter Bauart. Auf der linken Seite, das Gesicht gegen die Fenster gekehrt, ist die Thüre zu der daran stosenden Kammer, zwischen dieser Thüre und dem Ofen an der Wand das Klavier, vorne an den Fenstern in jedem Eck ein Tisch, der eine gröser als der andere, zwischen beeden nur noch ein schmaler Gang, hinter beeden längs der Fenster hin eine Bank, das ganze Zimmer mit einem alten rauchigten Getäfel versehen. Die Phantasie bindet sich also hier nicht an die im Buche vorkommende Beschreibungen von tapezirten Zimmern. Des Professors Haus, wo Werloff und Edelwald einst zum Abendessen eingeladen wurden, und wo dieser die schöne Abentheuer seiner Henriette erfuhr, scheint mir nun doch auch des Prof. H..s Haus zu Tübingen zu seyn, unerachtet die Phantasie kurz vorher eben dieses Haus Werloffen und Edelwalden zu ihrem Logis gegeben hatte. Blaukopfs Garten, worinn Edelwald die Untreue seiner Henriette erfahren sollte, ist mir die grose und schöne Kastanien-Allee vor dem Thore zu Stuttgart, und die Nische, worinn er das verliebte Pärchen fand, sezt die Phantasie in das daselbst befindliche Rondel.

VI. Kap. Als Bild des Waldes, worein Edelwald bei seiner Flucht gerieth, malt sich die Phantasie das sogenannte Osterholz bei **Ludwigsburg**, und zwar dessen vordern Eingang von Asperg aus, doch vermischt sie damit einigermasen die Gegend um Tübingen.

Die Aussicht, welche Edelwald vom Ende des Waldes auf das vor ihm liegende Dorf hatte, worinn er das Ende seines Hungers zu finden hoffte, sezt hier die Phantasie aus mehreren Bildern zusammen, worunter die Gegend von Tübingen und die von L. einem kleinen Dörfchen am Ufer der Enz, nicht weit von den Badischen Grenzen, wobei auf einem Berge ein alter verfallener, durch Alterthum, Höhe, und massive Bauart ehrwürdiger Wartthurm, der ehemalige Siz einiger tapfern Schwäbischen Ritter, steht, die herrschende sind. Das Dorf selber, worinn Edelwald nun einkehrte, und nach der Pfarre frug, als er im Gasthof nicht aufgenommen wurde, ist mir Reusten
ein

ein Dorf, eine Meile von Tübingen, und die Schenke scheint mir ein Eckhaus, neben der Kirche zu stehen.

Des Schulmeister Bierholds Haus aber sezt nun die Phantasie plözlich wieder in das schon mehrmals genannte Dörschen Schöckingen, auch in die Gegend der Kirche, wo dort das Schulhaus stehet. Die innere Beschaffenheit von dem Hause des Schulmeisters hat in meiner Phantasie viele Aehnlichkeit mit dem Hause des Schultheisen zu D. einem ansehnlichen Marktflecken an der Enz, Küche und Hausflur ohne Absonderung, gleich rechts an der Hausthüre eine Treppe ins obere Stockwerk, die Stube selbst, wie sie da beschrieben ist, nur in der Phantasie etwas kleiner und dunkeler als in der Wirklichkeit; den Schulmeister selbst denke ich mir als einen langen hagern Mann in hellblauem Rock und schwarzer Weste.

Das Haus und die neue Hausthüre mit den 365 Nägeln, die der Schuhflicker machen ließ, wovon der Schulmeister Edelwalden auf dem Wege nach Sumpferlingen erzählte, stelle ich mir nun nicht, wie es doch natürlicher schiene, auch in dem Dörfchen Schöklingen vor, worinnen der Schulmeister wohnte, sondern in dem Städtchen Cantstatt in einem schmalen Gäßchen als das Haus eines dort wohnenden Kiefers.

In dem Wirthshause, worinn Edelwald mit seinem Begleiter zu Sumpferlingen einkehrte, finde ich den Gasthof zum Ochsen in Vaihingen, einem Landstädtchen an der Enz; und den Wirth denke ich mir als einen kurzen dicken Mann in einem scharlachrothen Wamms ohne Ermel und einer weissen Müze an dem untern Tische der Gaststube sizend.

VII. Kap. Die Garnison, zu welcher der so unglüklicher Weise zum Soldaten angeworbene Edelwald abgeliefert wurde, scheint mir zu Ludwigsburg zu ligen, das Krankenzimmer und Bette aber, in welchem er den Besuch des hochtrabenden Garnisons-Predigers Himmelmanns erhielt, wieder in dem Haus einer armen Wittwe in dem schon genannten Marktfleken D. welches aber die Phantasie auch wieder nach Ludwigsb. in die Gegend der schönen Allee bei dem Herzoglichen

chen Schloſſe verſezt, und das Thor, unter welchem Edelwald ſeine Schweſter Karoline mit dem Lieutenant Ochſenſtein in die Stadt fahren ſah, denke ich mir als das Stuttgarter Thor zu Ludwigsburg.

VIII. Kap. Unter der Stadt, in welche Edelwald auf Betrieb des Lieutenants Ochſenſtein zu der dortigen Garniſon abgegeben wurde, malt ſich die Phantaſie nun auch wieder Ludwigsburg und unter dem genannten Zeughauſe das Zeughaus daſelbſt.

Den groſen und bequemen Plaz, auf welchem die Garniſon, worunter Edelwald ſtand, exercirt wurde, denkt ſie ſich als den gewöhnlichen Exercierplaz der Rekruten zu Ludwigsburg.

Die kleine Anhöhe, auf welcher Edelwald ſeinen Freund Hold erblickte, bauet ſie in der ſchon genannten Allee zu Ludwigsburg an die Mauern des neben dem Herzogl. Schloſſe liegenden Gartens, doch ſo daß dabei alsdann in der Phantaſie die genannte Allee verſchwindet.

Das Handlungshaus, worinn Hold war, dünkt mir ungefähr in dem erſten Viertel der

der Phantasie.

sogenannten Karlsstrase zu Ludwigsburg als ein Eckhaus zu stehen.

Den Ulrichs-Kirchhof, auf welchem Edelwald und Hold ihre Zusamenkünfte hielten, um die Verabredungen wegen der Desertion des erstern zu treffen, sezt die Phantasie an das obere Ende der schon genannten Anhöhe.

Nun wird sie aber durch Julianens Briefe schnell wieder auf einen andern Schauplaz versezt. Das Edelwaldische Haus, wovon sie schreibt, daß traurige Nachrichten darinn eingeloffen seyen, ist mir wieder in dem oft genannten Dörfchen Schöckingen, der Ball von welchem aus Meelkopf Karolinen entführte, scheint mir in dem neuen Herzoglichen Schlosse zu Stuttgart gehalten worden zu seyn.

Die untere Hausflur des Handlungshauses, worinn Hold war, und wo sich Edelwald hinter den Ballen und Fässern verstekte, hat die nehmliche Einrichtung des Hauses zum Bilde, das dem Burgermeister und Handelsmann K. zu M. einem artigen Landstädtchen in der Mitte des Herzogthums Würtemberg

berg gehört, und wo mit der hintern Hausthüre in den Hof eben die Einrichtung gemacht ist, wie in der Beschreibung.

Das offene Feld, worauf Edelwald, nachdem er vom Soldatenstande wieder erlößt war, seine Strase fortwanderte, denke ich mir nun nicht mehr bei Ludwigsburg, sondern als die Chaussee gleich vor dem Ludwigsburger Thor zu Stuttgart, die nach L. führt.

Das Dorf, wo Edelwald auf dieser Wanderschaft zum erstenmal einkehrte, kommt mir, besonders so betrachtet, wie es Edelwald noch vor sich sah, als das angenehm gelegene Dorf Fehlbach an der Chaussee 1 Meile von Stuttgart, und die Schenke, nebst der Gaststube als das Wirthshaus zum Ochsen in Weil einem Dorfe in der angenehmsten Gegend, die man sich denken kann, 1 Meile von Stuttgart, welches Bild mir noch deutlicher auffällt, bei der Beschreibung des Wirthshauses in neunten Kapitel, worinn er mit dem Kutscher, der ihn unterwegs einsizen ließ, einkehrte, wo alsdann die Phantasie auch den Hof und alles übrige äusserliche

jenem

der Phantasie. 113

jenem in der Wirklichkeit ganz ähnlich macht, nur daß sie bei der angeführten Gallerie, die dort nicht ist, wieder abschweift, und theils das Haus des Hauptmanns M. zu D. das eine Gallerie hat, theils das Badwirthshaus zu Cantstatt an die Stelle des anfänglich eingebildeten sezt, wo sie sich übrigens um die Beschaffenheit der beiden Zimmer, wovon eines Frau Willigs mit Herrn Wiedehopf, und das andere Edelwald bewohnte, nicht bekümmert.

Und diß sind nun zugleich auch die Bilder des neunten Kapitels.

X. K. Der Hohlweg, in welchem Edelwald von den Bauren arretirt wurde, scheint mir halb der Weg von Cantstatt auf das Dorf Schmiden, und halb ein neben der Chaussee von Stuttgart nach Ludwigsburg hinlaufender kothigter Weg zu seyn.

Des Amtmanns Haus hingegen, wohin Edelwald abgeliefert wurde, sezt die Phantasie wieder in das schon oft genannte Dörfchen Schökingen, wo aber alsdann die innere Beschaffenheit des Hauses ihr eigenes

H Bild

Bild hat, das ich mit keinem in der Wirklichkeit zu vergleichen weiß.

Der Plaz des Gasthofes zu **Erfurt**, worinn sich Edelwald einmiethete, ist aus zwei Bildern zusammengesezt: das eine ist die Karlsstraße zu **Ludwigsburg**, das andere die breite Straße zu **Stuttgart**, der Graben genannt.

Bei der Erzählung von dem alten Herrn Frölich aber, der neben Edelwald logirte, schweift die Phantasie schon wieder ab, und sezt nun das Logis in das Badwirthshaus zu Cantstatt, welches gänzlich nach allen Theilen das nunmehrige Bild von Edelwalds Logis bleibt.

Unter dem Theater, auf welchem Edelwald seinen saubern Vetter Emil fand, stelle ich mir das kleine Theater zu St. vor, unerachtet freilich jenes mit diesem in keine Vergleichung kommen kann.

XI. K. Der Gasthof zur Schelle in Gotha, worinn Edelwald Mittagsquartier machte, ist mir des Nebenbegriffs von Gotha ungeachtet, wieder der Gasthof zum Ochsen in dem schon mehrmals genannten Dorfe W.

welcher auch das Bild aller übrigen in diesem Kapitel vorkommenden Wirthshäuser, worinn Edelwald einkehrte, bleibt, nur daß, wenn von den Zimmern, die er bewohnte, die Rede ist, sich immer wieder das Bild des Badwirthshauses zu C. miteinmischt.

Das Dorf hingegen, worinn Edelwald die Hochzeit antraf, und von dem Brautvater so gutherzig bewirthet wurde, malt sich die Phantasie als das Dorf Echterdingen an der Landstrase, die von Tübingen nach Stuttgart führt, mithin auch die Strase, auf welcher er von einem Frauenzimmer, die ihn für ihren Sohn hielt, angeschrieen wurde, als eben diese Chaussee.

XII. K. In diesem Kapitel, worinn der Pfarrer Edelwalden die verschiedenen Lebensläufe der auf seinem Kirchhof begrabenen Personen erzählt, sind die Bilder so verschieden, als die Lebensläufe selbst.

In der ersten Geschichte, dem Lebenslauf des Herrn von Rarwiz, ist das Wohnhaus das Pfarrhaus zu Sch. und der Tisch, an welchem der Junker mit seiner Stiefmutter

H 2   lieb-

liebäugelte, und ihr unter dem Tische seine Liebe durch Treten zu verstehen gab, von dem Herrn Vater aber so unglücklicherweise entdeckt wurde, ist mir der vordere Tisch in dem Wohnzimmer jenes Pfarrhauses.

Bei der Erwähnung von **Schlesien**, und in den folgenden Geschichten von **Mailand**, **Genua**, **Liefland** ꝛc. hält sich die Phantasie meist an die Lage dieser Länder auf den Karten von Europa, Teutschland und Italien.

In der Vorstellung von **Prag** ist zwar das Hauptbild das Landstädtchen C. und die Hauptstrase in demselben, doch sezt die Phantasie in Ansehung der Gröse, Lage ꝛc. noch andere undeutliche Bilder dazu.

In dem Lebenslaufe des H. N. Fahrland ist das Wirthshaus, worinn sich dieser öfters aufzuhalten pflegte, wieder in dem Dörfchen Sch. doch nicht an dem Plaze, wo dort das wirkliche Wirthshaus steht, sondern ungefehr in der Mitte des Dorfes, wie denn überhaupt die Phantasie bei den öfters von diesem Dorf entlehnten Bildern es nie ohne

der Phantasie.

Veränderung sich malt, sondern immer noch andere selbst geschaffene Bilder hinzusezt.

Der Plaz, wo der unschuldig verstosene Fahrland unter Kummer und Thränen über sein künftiges Schicksal ungewiß stand, und der in der Erzählung als die Donaubrücke beschrieben wird, ist in meiner Phantasie ein Plaz am Neckar, so wie er an dem Städtchen C. vorbeifließt, aber nicht auf der dortigen Brücke, sondern am Ufer.

In dem dritten Lebenslaufe des Fräuleins Kunigunde scheint mir der Ball, auf welchem sie mit dem Sekretär bekannt wurde, in einem Saal gewesen zu seyn, der dem Becker S. zu C. gehört, und gewöhnlich zu einem Tanzsaal gebraucht wird. Das Haus des Bedienten, worinn Kunigunda und Leopold ihre heimliche Zusammenkünfte hielten, ist mir in der Nähe des Opernhauses zu St., so wie die Phantasie das Haus der Aeltern Kunigundens der äussern Lage nach an den Plaz sezt, wo das Opernhaus zu St. steht, der innern Beschaffenheit aber nach als das Pfarrhaus zu Sch. malt.

Uebrigens entlehnt die Phantasie das Bild von der Reichsstadt, worinn **Kunigunda** lebte, halb von **Ludwigsburg**, halb von dem Städtchen **C.** und sezt das Gefängnis, worinn sie eingesperrt war, an die Stelle des Rathhauses in diesem Städtchen.

Die Heerstrase, auf welcher die Tochter des Kerkermeisters **Kunigunden** auf ihrer Flucht führte, scheint mir nun die Strase zu seyn, die von **C.** nach dem eine Meile davon entlegenen Städtchen **Waiblingen** führt, und der Kirchhof, auf welchem Kunigunde begraben wurde, und ihr Leopold sich entleibte, der Kirchhof meines jezigen Wohnorts **D.**

In dem vierten Lebenslaufe, des Herrn von **Drutenkamp**, dünkt mir der **Girthal**sche Landsiz, wo der Junker Franz seine Geliebte aufsuchte, das Edelmännische Schloß in dem Dörfchen **Sch...** zu seyn, nur daß sich die Phantasie die innere Beschaffenheit des Hauses mit eigenen selbst erfundenen Bildern malt.

In dem lezten Lebenslauf des Herrn J. E. Goldhammers finde ich folgende Bilder der Phantasie:

Die Stadt, worinn er lebte, und das Gymnasium besuchte, ist mir Stuttgart, des Schneiders Haus, dessen Tochter Wischen er verführte, das Haus des Schneiders K. zu T. und der Garten nebst der Nische, worinn er mit dem liefländischen Fräulein von Zassen Liebeshändel anspinnen wollte, von dem Vater aber verjagt wurde, der Pfarrgarten zu Sch...

XIII. K. Das Bild der äussern Lage des Gasthofes zur Reichskrone in Frankfurt, worein sich Edelwald einlogirte, ist aus dem Bilde von Stuttgart, und aus dem von Ludwigsburg zusammengesezt. Die innere Einrichtung aber hat verschiedene Bilder zur Grundlage: der Ort Nro. o. Edelwalds und des Ritters Zimmer, Nro. II. und III. sind wieder in dem Badwirthshause zu C. hingegen bei der Erzählung des Gesprächs, das der Bediente des Lieutenants von Ochsenstein mit dem Hausknecht im Hofe hielt,

hielt, ergreift sie schnell das Bild der obern Hausflur in dem Gasthofe zum Ritter in Pforzheim, wo eine Altane die Aussicht in den Hof gibt, und sezt dann auch das Zimmer Nro. o. an eben den Plaz, wo auch dieses wirklich in dem genannten Gasthofe ist. Neben diese Altane placirt alsdann auch die Phantasie das Zimmer, worinn Edelwald nach seiner Verwundung lag.

Der Weg, auf welchem Edelwald von dem Lieutenant Ochsenstein meuchelmörderischerweise angefallen wurde, dünkt mir ein schmaler Weg neben dem Dorfe W. zu seyn, der längs dem zur Pfarre gehörigen und andern Gärten hinlauft.

Und diß soll nun für eine Probe genug seyn. In einem künftigen Bändchen dieser **Materialien** werden vielleicht noch mehrere Beobachtungen über die gewöhnliche Bilder der Phantasie aus dem zweiten Bande der Geschichte Edelwalds folgen. Nur die Beobachtung muß ich hier noch beifügen, daß diese geflissentliche Aufsuchung der Bilder die Phantasie, wie ichs an mir erfahren habe, sehr

der Phantasie. 121

sehr anstrengt und ermüdet. Nun sollen die Erklärungen dieser Bilder, und dann die Resultate daraus angegeben werden.

Zweiter Abschnitt.
Erklärungen.

Um mich im dritten Abschnitt desto leichter auf diese Erklärungen bei den daraus hergeleiteten Resultaten beziehen zu können, will ich dieselbe unter gewisse Numern ordnen.

1.) Bei blos flüchtigem Rückblick auf die erzählte Bilder bemerkt man, daß die meisten von dem Dörfchen Sch… und dem dortigen Pfarrhause, nebst den darzu gehörigen Gärten entlehnt sind. Diß rührt daher, weil ich in der Zeit meiner Kindheit und ersten Jugend gar oft auf dieses Dörfchen, zu dem ehemaligen Pfarrer daselbst, einem Onkel von mir, einem sehr bidern und menschenfreundlichen Manne kam, wo ich nebst meinen Brüdern immer ungemein viele Freuden genoß, die mir nicht nur damals die kleine Reise auf dieses Dörfchen immer zu einer meiner angenehmsten Ergözungen machten, sondern auch noch jezt in freudiger und dankbarer Erinnerung bleiben. Zu dem war diß das erste Pfarrdorf, auf welchem ich mich mehr als einige flüchtige Augenblike aufhielt. Es ist also, um all dieser Umstände willen, kein Wunder, daß sich das Bild von diesem Dorf in der Seele sehr vestgesezt hat, und nun bei jedem Anlaß wieder hervorkommt, und sich zum Bilde der meisten in einer Geschichte vorkommenden Bilder darstellt.

2.) Der Grund des Bildes, das die Phantasie aus der Wiese, worauf Edelwald mit seiner Gattin spazieren gieng, in das hinter Sch... liegende grose und ebene Akkerfeld verwandelt, ligt nun darinn, weil der Weg neben diesem Felde der gewöhnliche Spazierweg zu Sch... ist.

3.) Aus eben dem Grunde sezt nun auch die Phantasie das Städtchen, woher Pastors Hans kam, zur rechten Seite des Dorfes Sch... weil nehmlich der Nro 2. angeführte Spazierweg auf die Dörfer H. und E. führt.

4.) Das

4.) Das Bild des Gartens, der Laube, des Zimmers, worinn Stubenreuter seinen Zögling unterrichtete, läßt sich ganz aus Nro 1. erklären, und der Grund der Veränderung des Bildes vom Garten bei der Geschichte von Stubenreuters Fall ist in der Erzählung des Bildes selbst angegeben.

5.) Natürlich ist es nun, daß die Phantasie bei der Versezung Edelwalds in die Stadt auch andere Bilder wählt, warum aber gerade das Bild von Ludwigsburg, davon mag die Ursache wohl diese seyn, weil ich zu eben der Zeit, als ich diese Geschichte zum zweitenmal las, einige Reisen nach Ludwigsburg zu machen, diese Stadt schon seit 12 Jahren nicht mehr gesehen hatte, und sie wegen ihrer wirklich bewundernswürdigen und mir damals besonders auffallenden Schönheit, einen tiefen angenehmen Eindruck auf mich machte, daher denn auch in der Folge das Bild derselben so oft wieder vorkommt. Daß aber die Phantasie nicht auch eine wirkliche Strase wählt, worein sie Edelwalds Haus sezt, beweißt ihre eigene schöpferische Kraft, mag aber wohl daher

her kommen, weil die Straſe neben dem Herzoglichen Schloſſe, in deſſen Gegend ſie es ſezt, wenigſtens nach der Lage, welche es in der Phantaſie hat, nicht ſo beſchaffen iſt, daß das Bild davon ganz angenommen werden könnte.

6.) Das Bild vom Konzert-Saale zu T. läßt ſich ſehr leicht daraus erklären, weil diß der erſte Konzert-Saal war, den ich ſah.

7.) Daß die innere Beſchaffenheit der Wohnung Edelwalds in der Stadt aus verſchiedenen Bildern zuſammengeſezt iſt, iſt wieder eben ſo natürlich: denn da ſchon dem Bilde der äuſſern Lage des Hauſes kein Bild in der Wirklichkeit Genüge leiſtet, ſo kann auch das Bild von der innern Beſchaffenheit eines Hauſes nicht das einzige Bild der Phantaſie davon ſeyn. Und das Bild von dem ehemaligen Hauſe meiner Aeltern miſcht ſich hier um ſo leichter ein, weil es das Haus war, worinn ich die erſten Jahre meiner Kindheit zubrachte. Das Bild von Werloffs Zimmer aber, und das von dem mir jezt unbekannten Hauſe wählt die Phantaſie wahrſcheinlich deßwewegen, weil in der Geschichte von einem Gange die Rede ist, in welchem Emil Wilhelmen mißhandelte, und der sich wirklich in jenen beiden Häusern befindet.

8.) Eben so natürlich ist es nun auch, daß die Phantasie die Redoute, auf welcher Werloff auf Anstiften der Räthin mißhandelt werden sollte, auf das Opern-Theater zu St. versezt, weil diß der Ort ist, wo während meines Aufenthalts zu St. in jüngern Jahren, die Redouten gewöhnlich gehalten wurden: weil sie aber eben so häuffig auch in einem Saale des Herzogl. Schlosses daselbst gehalten wurden, so sezt die Phantasie die äussere Lage des Opern-Theaters an den Plaz dieses Schlosses; sie kombinirt also diese zwei Bilder wahrscheinlich deßwegen, weil ich jenen Saal im Schlosse nie, das Opern-Theater hingegen öfters gesehen habe, denn sonst würde sie wohl ganz das Bild des Redouten-Saales im Schlosse wählen.

9.) Warum die Phantasie das Bild der anatolischen Schule zu T. für das Gymnasium wählt, worein Werloff den jungen Edelwald

wald führte; davon ligt der Grund wahrscheinlich darinn, weil diß die erste Schule war, die ich besuchte.

10.) Daß aber das Haus des Raths des Bruders Edelwalds, und nachher auch Edelwalds Haus selbst nun in der Phantasie wieder nach Sch... versezt werden, ist abermal aus Nro 1. leicht zu erklären. Das Bild von Kräuslers Parterre-Stübchen hingegen, das doch in der Wirklichkeit nicht existirt, kommt wohl daher, weil es in der Geschichte heißt, daß die Köchin die Liebelei vom Hofe aus belauschen konnte.

11.) Die Ursache der zwei Bilder, woraus der Garten zusammen gesezt ist, wo Wilhelm von Julianen Abschied nahm, ligt theils in Nro. 1. theils darinn, weil in dem Pfarrgarten zu Sch. keine Taxusbäume sind, wohl aber in dem ehemaligen Garten meiner Aeltern zu T.

12.) Das Städtchen C. mischt sich nun in der Phantasie bei der Geschichte der Prediger-Wahl, und auch an andern Ortgn um so

eher

eher ein, weil ich in diesem Städtchen die gröſte Zeit meiner Jugend zubrachte.

13.) Von jezt an kommen viele und eine Zeitlang die meiſte Bilder von der Stadt Tübingen vor: natürlich weil nun Edelwalds Aufzug auf die Univerſität erzählt wird. Warum mir aber das Haus, worinn er logirte, das Haus des Profeſſors H. und nicht vielmehr das eigene ehemalige Haus meiner Aeltern zu T. iſt, weis ich nicht; das Bild der Treppe aber, wo Frölich ſeinen Renkontre mit der Mad. Willigs hatte, läßt ſich leichter erklären. Die Phantaſie entlehnt hier ein Bild, das ſie ſich ſchon einmal bei einer andern Geſchichte ſchuf. In Weiſſes Kinderfreund erzählt der Verfaſſer irgendwo von ſich ſelbſt aus Gelegenheit der Geſpenſter-Geſchichte, daß er einſt bei Nacht ein dringendes Bedürfnis gefühlt habe, auf den Abtritt zu gehen, er habe zu dem Ende einen langen Gang hinter gehen müſſen, und daſelbſt den Knecht, der Haber geſtohlen hatte, anfänglich für ein Geſpenſt gehalten, nachher aber entdekt. Bey dieſer Erzählung ſchuf ſich meine Phantaſie damals

mals eben das Bild wie in der vorliegenden Geschichte. Weil nun beede Erzählungen viele Aehnlichkeit mit einander haben, so ruft sie hier jenes wieder hervor; und daß sie es hier und dort von dem Diakonathaus zu C. entlehnt, davon ist der Grund in Nro 12, angegeben.

14.) Das Bild des öffentlichen Hauses in der Geschichte, wo Emil Edelwald verwundet lag, harmonirt der Beschreibung nach, in Ansehung der äusserlichen Lage, so ganz mit dem frequenten Wirthshause vor dem Thor zu T. daß es ganz natürlich ist, daß die Phantasie es wählte.

15.a) Die äussere Lage von dem Vielmannischen Hause, worinn Edelwald verführt wurde, hat in der Phantasie das Bild einer schmuzigen Strase zu T. unweit des Fechtbodens wahrscheinlich nur deßwegen, weil man solche Häuser gemeiniglich in den abgelegenen Theilen einer Stadt zu suchen pflegt, denn in der Wirklichkeit weiß ich in der genannten Strase kein solches Haus. Die eingebildete innere Beschaffenheit aber beweiset wieder die

eigene

eigene schöpferische Kraft der Phantasie, die sich, wie hier, nicht an Beschreibungen bindet, weil sonst in der Vorstellung auch tapezirte Zimmer seyn müßten.

15.b) Daß das Bild von dem Hause des Professors, worinn Edelwald zu Nacht speißte, das Haus des Professors H. zu T. war, ist sehr natürlich, weil dieses Haus für mich das zugänglichste unter den Häusern der Professoren zu T. war.

16.) Blaukopfs Garten ist mir die Allee zu St. weil nicht nur das Bild dieser Allee mit der Beschreibung des Gartens am meisten übereinkommt, sondern auch jene Allee zu St. mein gewöhnlicher Spaziergang war.

17.) Die Veranlassung zu dem kombinirten Bilde von dem Walde, worein Edelwald gerieth, ist in Nro 5. und Nro 13. zu finden.

18.) Die Aussicht auf das vor Edelwald ligende Dorf, ist aus zwei Bildern hauptsächlich zusammengesezt, worunter das erste wieder in Nro 13. seinen Grund hat, das zweite aber wahrscheinlich daher rührt, weil in der Geschichte das Dorf als auf einem Berge liegend, vorgestellt wird, daher dann die Phantasie, weil sie gerade kein dergleichen Dorf findet, dieses Dorf mit dem daneben auf einem Berge liegenden Thurme wählt.

19.) Das Bild von des Schulmeisters Bierholds Hause ist wieder aus Nro 1. zu erklären, das von der innern Beschaffenheit des Hauses hingegen daraus, daß in der Geschichte erzählt wird, Edelwald habe den Schulmeister in der Hausflur gleich nach Oeffnung der Thüre angetroffen, daher alsdann die Phantasie das zwar nicht ganz doch in etwas ähnliche Haus des Schulzen zu D. zum Bilde wählt. Hier, und nachher bei dem Wirthe zu Sumpferlingen kommen die einzige Bilder vor, die sich die Phantasie auch von Personen deutlich schaft.

20.) Von dem Bilde des Hauses mit der neuen Thüre, und den 365 Nägeln, und warum es die Phantasie nach C. versezt, weis ich keinen hinlänglichen Grund anzugeben.

21.a) Der Gasthof zum Ochsen in B. aber mischt sich hier um so leichter ein, weil

ich

ich wenige Zeit vor der zwoten Lesung dieser Geschichte einigemal dort einkehrte und immer gut bewirthet wurde: daher es dann leicht geschehen konnte, daß sich das Bild davon in der Phantasie vest sezte.

21.b) Die Bilder, die während des Soldatenlebens Edelwalds vorkommen, lassen sich aus Nro 5. erklären, wo auch die kleine Abweichungen und Unregelmäßigkeiten keinen grosen Unterschied machen, und aus Nro 1. die Versezung der Phantasie wieder nach Sch.

22.) Das Bild von der Hausflur, wo Hold den Deserteur Edelwald verstekte, rührt theils von der gänzlichen Aehnlichkeit mit der in dem Hause des Burgermeisters K. theils von meinem öfters angenehmen Aufenthalt in diesem Hause her.

23.) Unaufgelößt bleibt mir aber auch das wieder, warum die Phantasie die Strase, auf welcher Edelwald nach seiner Desertion wandelte, nicht auf die Strase bei L. sondern auf die von St. nach L. sezt.

24.) Das nun zum erstenmal nachher aber noch öfters vorkommende Bild von dem

Wirthshause zum Ochsen zu W. hat gewisser mafen auch in Nro 1. seinen Grund: denn der Weg nach Sch. führte mich immer durch dieses Dorf, wo ich alsdann gewöhnlich in dem genannten Wirthshause einkehrte.

25.) Das zusammengesezte Bild des Hohlweges, worinn Edelwald arretirt wurde, ist ganz aus der natürlichen Beschaffenheit der Wege, welche die Phantasie zum Bilde wählt, zu erklären, und der neben der L..r Chaussee hinlauffende Weg mischt sich darein, weil in der Geschichte eines solchen von der Heerstrafe seitwärts ablenkenden Weges gedacht wird.

26.) Des Amtmanns Haus läßt sich wieder aus Nro 1. erklären, die innere Beschaffenheit aber ist wieder ein eigenes Geschöpf der Phantasie. Es mag vielleicht seyn, und ist auch wahrscheinlich so, daß bei diesem und den bisher vorgekommenen Bildern dieser Art, wo die Phantasie sich das Bild gänzlich selbst geschaffen zu haben scheint, sich ihr irgend einmal ein wirklich existirendes Bild aufgedrungen hat, das zwar in der Phantasie zu-

rük-

rükgeblieben ist, wovon sich aber Ort, Name ꝛc. aus dem Gedächtniß verlohren hat.

27.) Das Bild des angeführten Gasthofes zu Erfurt ist theils aus Nro. 5. theils aus Nro 8. zu erklären.

28.) Warum nun aber die Phantasie schon wieder abschweift, und das Badwirthshaus zu C. zum Bilde dieses Gasthofes wählt, das auch nachher so oft wieder vorkommt, davon glaube ich hauptsächlich folgende drei Ursachen angeben zu können.

a) Die erste ligt in Nro 12.

b) Die zwote ist wahrscheinlich diese: Da im weitern Verfolg der Geschichte der Ritter in dem Gasthofe zur Reichskrone in Frankfurt vorkommt, der einen zerbrochenen Fuß hatte, so konnte es leicht geschehen, daß der Phantasie um des kranken Fuses willen, das Bild eines Bades sich aufdrang, welches nun zwar anfänglich nur bei dem Gasthofe zur Reichskrone vorkam, nachher aber, bei der zwoten Lesung dieser Geschichte auch bei der kurz vorhergehenden Erzählung der in dem Gasthofe zu Erfurt vorgefallenen Begebenheiten sich eindringen konnte, um so mehr, da

c) eben die Einrichtung und Folge der Zimmer in dem Badwirthshause zu C. anzutreffen ist, wie sie in der Erzählung von diesen beeden Gasthöfen beschrieben ist, so daß die Zimmer wie Edelwalds und Herrn Frölichs hart an einander stosen, und man wegen der äussern Gleichheit leicht auch, wie es Edelwalden zu Frankfurt gieng, statt des seinen das daranstosende ergreifen kann.

29.) Das Bild des Theaters, worauf sich Emil befand, läßt sich auch wieder aus Nro 8 erklären.

30.) Und das von dem Gasthofe zur Schelle in Gotha, theils aus Nro 24. theils aus Nro 28.

31.) Das Bild des Dorfes, wo Edelwald die Hochzeit antraf, hat seinen Grund wahrscheinlich darinn, weil in der Geschichte erzählt wird, daß der Kutscher, der Edelwald führte, vor diesem Hause selbst Halt gemacht habe; die Postknechte aber, welche Reisende von Stuttgart nach Tübingen führen, in dem

der Phantasie. 135

genannten Dorfe vor einem gewissen Wirthshause es eben so zu machen pflegen.

32.) In dem Lebenslaufe des Herrn von Rarwiz s. das Bild des Wohnhauses unter Nro 1.

33.) Ein neues Bild der Phantasie kommt nun bei den Ländern: Schlesien, Mailand, Genua, Liefland ꝛc. vor. Von ganzen Ländern kann sich die Phantasie kein deutliches Bild machen, noch vielweniger aus der wirklichen Welt eines entlehnen, weil es unmöglich ist, ein ganzes Land auf einmal zu übersehen; sie hält sich daher an die Abbildung derselben im Kleinen, und an ihre Lage auf der Landkarte.

34.) Die Vorstellung von Prag ist wieder aus Nro. 12.

35.) Das Bild des Wirthshauses, worinn sich Fahrland in seiner Jugend öfters aufhielt, läßt sich auch wieder aus Nro 1. erklären, wobei dann die Bemerkung auch sehr natürlich ist, daß die Phantasie das Dorf Sch... da es so oft vorkommt, nie unvermischt zum Bilde wählt, indem in der Geschichte immer noch Nebenumstände vorkommen,

men, die das Bild in etwas verändern müssen.

36.) Das Bild des Plazes, wo Fahrland verstosen stand, hat zwar auch seinen Grund in Nro. 12. die Phantasie verändert es aber ohne Grund.

37.) Das Bild des Tanzsaales, auf welchem Kunigunde mit dem Sekretär bekannt wurde, ist auch wieder in Nro. 12. enthalten.

38.) Das Bild der beiden Häuser hingegen, des Bedienten, worinn Kunigunde mit dem Sekretär heimliche Zusammenkünfte hielt, und des Hauses ihrer Eltern, läßt sich zwar im Ganzen aus Nro. 8. erklären: warum aber die Phantasie sie gerade an diese Pläze sezt, weiß ich nicht.

39.) Das Bild der Vaterstadt Kunigundens f. in Nro. 5. und 12. warum aber die Phantasie, wie hier das Gefängniß, so in den vorhergehenden Bildern andere Häuser gerade an die Stelle des Rathhauses sezt, mag wohl daher kommen, weil der Plaz um das Rathhaus zu C. in meinem Knabenalter unser gewöhnlicher Spielplaz war.

40.) Und

40.) Und eben auch in Nro. 12. ligt das Bild der Heerstrase, auf welcher Kunigunde entfloh.

41.) Das Bild des Kirchhofes, auf welchem sich der Sekretär entleibte, macht mit dem in Nro. 19. angeführten Bilde von dem Hause des Schulmeisters Bierholds die zwei einzige Bilder aus, die von meinem jezigen Wohnorte entlehnt sind.

42.) Der Girthalische Landsiz ist wieder aus Nro. 1. und Nro. 35.

43.) Die Bilder in dem Goldhammerschen Lebenslauf sind aus Nro. 8. Nro. 5. Nro. 13. und Nro. 1. zu erklären.

44.) Das Bild von der äussern und innern Beschaffenheit des Gasthofes zur Reichskrone in Frankfurt, ist theils aus Nro. 5. und Nro. 8. zu erklären, theils in Nro. 28. wirklich schon erklärt.

45.) Hingegen kommt das Bild des Ortes Nro. o. wo Edelwald das Gespräch im Hofe hörte, aus der Aehnlichkeit her, die dieser Ort in dem Gasthof zum Ritter in Pforzheim mit dem in der Beschreibung hat, weil man dort in Nro. o. eben so gut alle im Hofe vorfallende Gespräche hören kann; und da die Phantasie nun einmal diesen Gasthof zum Bilde gewählt hat, so ist sich nicht zu verwundern, daß sie nun auch Edelwalds Zimmer nach seiner Verwundung dorthin sezt.

46.) Das Bild des Weges, wo Edelwald verwundet wurde, ist wieder leicht theils aus Nro. 24. theils daher zu erklären, daß bei dem Dorfe W. ein dem beschriebenen ganz ähnlicher Weg an den Gärten hinlauft.

Dieses sind nun die Erklärungen der angeführten Bilder, die um des nun folgenden dritten Abschnittes willen voraus geschickt werden mußten.

Dritter Abschnitt.
Resultate.

Die Resultate, die nun in diesem Abschnitt aus den bisherigen Bemerkungen und Erklärungen in den beeden vorhergehenden Abschnitten gezogen werden sollen, können eben so viele Geseze abgeben, durch welche der gewöhnliche Gang der Phantasie bestimmt, und nach welchen

der Phantasie.

chen er gleichsam abgemessen werden kann. Ich werde mich dabei, um der Kürze willen, immer auf die Numern des zweiten Abschnittes beziehen müssen, auf welche deswegen die Leser verwiesen werden.

Die Hauptresultate nun für den gewöhnlichen Gang der Phantasie, die aus denen bisherigen gezogen werden können, sind folgende.

1.) Unter den Bildern, welche die Phantasie wählt, um die in einer Geschichte beschriebene Gegenden, Pläze, Städte und Dörfer, Häuser, Personen ꝛc. sich vorzustellen, sind diejenigen offenbar die meisten und häufigsten, welche von den Szenen der Kindheit und ersten Jugend entlehnt sind. Darzu sind in den Numern 1. 2. 3. 4. 7. 8. 9. 10. 12. 13. 16. 19. 21 b. 24. 26. 27. 28. 29. 30. 32. 34. 35. 36. 37. 38. 39. 40. 42. 43. 46. genugsame Belege vorhanden; auch ist es leicht zu begreiffen. — Die junge Seele, auf welche so vieles noch mit dem ersten Reize der Neuheit wirkt, das noch weiche Gehirn und die noch eben so weiche Fibern behalten den

ersten

ersten von irgend einem Gegenstand erhaltenen Eindruck um so länger und vester, je stärker und tiefer er geschah. Was Wunder, wenn er alsdann auch im Jüngling und Manne nicht erlöscht, und bei jeder Anregung schnell und oft das Bild wieder hervorbringt, das ihn verursachte?

2.) Besonders wählt die Phantasie unter diesen gern die Bilder von solchen Orten, wo man ehemals, hauptsächlich in der Kindheit und ersten Jugend, viel Vergnügen genos, wie in den Numern 1. 2. 5. 10. 17. 19. 21 b. 22. 27. 43. 44. Auch diß ist à priori leicht begreiflich. Vieles oder grosses, besonders überraschendes Vergnügen muß den Eindruck noch verstärken, und mehr beleben, mithin auch ihn desto bleibender machen; daher unter Nro. 1. dieses Abschnitts die vielen Numern, weil dort meistens, wenigstens bei Sch... beides beisammen war. Grosses Unglück ꝛc. würde nun freilich wahrscheinlich auch das Bild des Ortes, wo man es erlebte, in der Phantasie stark fixiren: allein in den vorliegenden Bildern kommt keines dergleichen vor,

vor, ich zweifle aber deswegen nicht, daß, wenn ich mich eines solchen Ortes erinnerte, das Bild davon in der Geschichte bei ähnlichen und passenden Erzählungen eben so häufig vorgekommen seyn würde.

3.) Hat nun einmal die Phantasie ihre Bilder von wirklichen Gegenständen gewählt, so behält sie dieselben selten nach ihrem ganzen Umriß bei, sondern nimmt nur die Grundzüge davon an, und malt das übrige zu ihrem Gebrauch, bald so, bald anderst weiter aus. Dabei geschieht es alsdann, daß sie entweder die Bilder, die in der Erzählung vorkommen, denen aus der Wirklichkeit entlehnten, oder die in der Wirklichkeit vorhandene denen in der Beschreibung vorkommenden anpaßt. Beispiele von dem erstern sind in den Numern 2. 3. 18. anzutreffen, von dem leztern kommen in den Numern 4. 10. 18. 35. 42. vor.

4.) Wird der Schauplaz der Geschichte irgend anderswohin versezt, so wandelt die Phantasie, wie leicht zu begreiffen, auch ihre Bilder. Dahin gehören die Numern 5. 6. 13.

13. Allein diese Veränderung fixirt die Phantasie deswegen nicht immer an den neugewählten Ort. Zwar sezt sie gewöhnlich ein allgemeines Bild z. B. von einer Stadt, Gegend ꝛc. eine Zeitlang fort, und verbindet damit alle in diesem Zeitraum vorkommende besondere Bilder z. Ex. von Häusern, Gärten ꝛc. wie in den Numern 15. 17. 18. 45. Allein sie schweift doch öfters auch bald wieder ab, und verändert die einzelne Bilder, wie in Nro. 10. und 16.

5.) Der lezte starke Eindruck, den die Seele von einem Orte, Gegend, Hause ꝛc. erhalten hat, wird auch der Phantasie eine Ursache, diese Gegend ꝛc. zu einem Bilde zu wählen. Davon sind Beispiele in den Numern 5. 21.a enthalten. Und auch hier stimmt Erfahrung mit andern psychologischen Gründen überein. Es ist eben so natürlich, daß der lezte starke Eindruck zum herrschenden und bleibenden Bilde wird, als der erste empfangene. Was bei diesem die Stärke bewirkt, das ersezt bei jenem die Kürze der Zeit, seit welcher die Seele den Eindruck erhalten hat.

6.) Wo

der Phantasie. 143

6.) Wo die Erzählung und Wirklichkeit nicht harmoniren, da schaft sich die Phantasie eigene Bilder, wenn sie in der Wirklichkeit nicht aufzufinden sind. Davon s. die Numern 5. 7. 15. 25. Ohne Bild kann sie nun einmal nicht seyn: wo sie also in der Wirklichkeit keines findet, da wendet sie ihre eigene schöpferische Kraft an, um die nöthige hervorzubringen. Doch ist es auch möglich, daß, wie schon im zweiten Abschnitt in einer der angeführten Numern gesagt worden ist, die Bilder, welche die Phantasie selbst geschaffen zu haben scheint, zwar aus der Wirklichkeit entlehnt sind, die Seele aber sich dessen nicht mehr bewußt ist, wo sie dieselbe zum erstenmale gesehen hat.

7.) Das erste empfangene Bild von einem Orte, Gegend, Hause ꝛc. ist gemeiniglich auch das stärkste und bleibt am längsten das herrschende, kommt deswegen auch bei jeder ähnlichen Gelegenheit vor, und verdrängt sogar andere im vorkommenden Falle natürlichere Bilder, wie in den Nymern 1. 6. 8. 9. Natürlich! denn der erste Eindruck, den

irgend

irgend ein Gegenstand auf uns macht, wirkt noch mit aller Stärke des Reizes der Neuheit auf die Seele, drükt ihr also das Bild desto tiefer ein, und macht es daher um so anhaltender und bleibender.

8.) Unbedeutende Kleinigkeiten können öfters das Bild der Phantasie bestimmen oder verändern, z. B. in den Numern 7. und 31. wenn nur die Kleinigkeit etwas dem in der Erzählung beschriebenen ähnliches hat.

9.) Wo Ein aus der Wirklichkeit entlehntes Bild mit dem, das die Erzählung angibt, nicht völlig harmonirt, da sammelt sie sich mehrere, kombinirt sie in ein ganzes zusammen. Beispiele davon sind in den Numern 7. 11. 17. angeführt. Denn sie kann nicht ruhen, bis sie ein zu der Erzählung ganz passendes Bild gefunden hat.

10.) Wo in den Bildern der Erzählung Aehnlichkeiten mit einmal gesehenen Bildern in der Wirklichkeit vorkommen, da ergreift die Phantasie diese plözlich, um jene damit auszudrüken. Solche Aehnlichkeiten sind auch wirklich die natürlichste Veranlassung dazu.
Allein

Allein es ist nicht gerade nöthig, daß Beschreibung und wirkliches Bild eine auffallende Aehnlichkeit mit einander haben; es ist öfters genug, wenn nur ein geringer Theil dem andern ähnlich ist. Beispiele von beeden Arten finden sich häufig in den Numern 13. 14. 16. 17. 18. 19. 25. 28. 45. 46.

11.) Doch bindet sich die Phantasie nicht immer, und am wenigsten immer ganz an die Beschreibung. Ihre Bilder entsprechen öfters der Beschreibung gar nicht, und es schleichen sich leicht Nebenbegriffe und Nebenvorstellungen ein, die ein anderes Bild hervorbringen, als man der Erzählung nach erwarten sollte. Hieher gehören die Numern 13. 15 a. 30.

12.) Hat die Phantasie bei einer andern Gelegenheit ein Bild sich geschaffen, so wiederholt sie es leicht bei einer wieder vorkommenden ähnlichen, wie in Nro. 13. Diß ist ganz den anderwärtigen Gesezen der Ideen-Assoziation gemäs.

13.) Was sich aber mit der Natur der Phantasie gar nicht zu vertragen scheint, ist die gleichwohl richtige Bemerkung: daß selbst

Reflexionen und Urtheile des Verstandes ihren Gang öfters bestimmen, und zu Erweckung dieses oder jenes bestimmten Bildes mitwirkende Ursachen abgeben können, wie die Numern 15 a. 28. 44. beweisen.

14.) Der häufige Anblick eines Orts, besonders ausschliessungsweise vor andern ähnlichen, macht leicht, wenn übrigens die Umstände nach Nro. 10. dieses Abschnittes harmoniren, diesen zum herrschenden Bild. Aus den Numern 15 b. 21 a. 22. kann dieses etwas undeutliche Resultat besser verstanden werden.

15.) Selten schafft sich die Phantasie auch deutliche Bilder von Personen: die Gesichtszüge wenigstens sind immer so dunkel, daß sie weder mit solchen in der Wirklichkeit verglichen werden könnten, noch ein eigenes Bild davon detaillirt werden könnte. Wann sie aber auch im seltenen Falle sich Bilder von Personen schafft, so geschieht es nicht gerade da, wo diese in der Erzählung am deutlichsten beschrieben sind, sondern vielmehr eher in dem Falle, wo ihr von gewissen Personen, die ihr

viel=

vielleicht sonst einmal auffielen, ein Bild noch vorschwebt, das nun, wann in der Geschichte eine ähnliche Person auftritt, leicht wieder hervorkommt. Diß mag der Fall bei den zwei einzigen Bildern von Personen seyn, die in Nro. 19. angeführt sind. Diese Seltenheit solcher Bilder ist übrigens nichts unbegreifliches. Die Masse eines solchen Bildes, das sich die Phantasie von Personen schaffen solle, ist zu gering, als daß sie einen solchen tiefen und weit umfassenden Eindruck machen sollte, wie das Bild eines Hauses, Gartens, oder noch mehr eines Ortes, einer Gegend ꝛc. der alsdann leicht bei jeder Gelegenheit die Ursache eines Bildes würde. Es ist ferner bei Personen nicht so leicht thunlich, was doch die Phantasie gerne thut, mehrere Bilder zu kombiniren, und daraus ein ganzes zusammen zu sezen.

16.) Aus den Numern 20. 23. 38. scheint übrigens zu folgen, daß die Phantasie öfters auch ohne Grund abschweife: denn hier kann ich keine hinlängliche Ursache von der Veränderung der Bilder angeben.

Es ist aber deswegen doch möglich, daß irgend ein tief verborgenes schon vor langer Zeit der Seele eingedrüktes Bild, dessen aber, und seiner Veranlassung sie sich nicht mehr deutlich bewußt ist, zum Grunde ligt. Ich getraue mir deswegen nicht, diese ganze Numer als ein wirkliches unumstößliches Resultat aus den gemachten Beobachtungen anzugeben.

17.) Wird dieselbe Geschichte zum zweitenmale gelesen, so verändern sich öfters die Bilder der Phantasie, und werden leicht mit einander verwechselt. Vom erstern Fall s. Nro. 5. und vom leztern Nro. 28. der erstere Fall ist der deutlichste. Ich hatte vor der ersten Lesung dieser Geschichte Ludwigsburg noch nie, ausser in meiner Kindheit, wovon ich mir demnach keine Vorstellung mehr machen konnte, gesehen: mithin konnte dieses Bild sich bei der ersten Lesung nicht einmischen, wo es sich bei der zwoten einmischte; doch erinnere ich mich nimmer, was für ein Bild an dessen Statt vorher da gewesen war.

18.) Bei Bildern von ganzen Ländern hält sich die Phantasie an die Lage derselben auf der Land-

der Phantasie.

Landkarte, wie in Nro. 33. Hier ist die Masse des Bildes in der Wirklichkeit zu groß, als daß es die Phantasie auf einmal fassen könnte. Ganze Länder lassen sich unmöglich auf einmal überschauen, es kann sich also auch kein Bild davon in der Phantasie malen, sie verliert sich in der ungeheuren Masse, und hält sich daher an die nach dem verjüngten Maasstab auf der Landkarte entworfene Bilder solcher Länder, die sie leichter umfassen kann.

19.) Sehr wenige Bilder entlehnet die Phantasie vom gegenwärtigen Wohnort. Nur in den Numern 19. 41. kommen zwei vor. Die Ursache davon ligt hauptsächlich in den Numern 1. 2. dieses Abschnittes, und in den aus dem zweiten daselbst angeführten. Die Phantasie wählt immer am liebsten und meisten die Bilder der Jugend, oder Bilder von besonders aufgefallenen Oertern. Nun füllt sie mit jenen so viel möglich alles aus, und des gegenwärtigen Wohnortes ist man zu gewohnt, als daß das Bild davon auffallen könnte. Die Bilder davon dienen also meistens nur dazu, Lücken auszufüllen, wo keine andere Bilder vorhanden sind, oder gehören unter Nro. 10.

Dieß sind nun die Resultate, die für die Geseze des gewöhnlichen Ganges der Phantasie aus den vorhergehenden Beobachtungen und Erklärungen gezogen werden konnten. Ob sich diese Resultate zu wirklichen bestimmten Gesezen qualificiren, werde ich von dem Urtheil einsichtsvoller Richter erwarten. Der Versuch, gewise Geseze auf diese Art zu bestimmen, ist neu und blos Versuch: ich konnte also leicht irren, und wo ich mich zu Trugschlüssen verleiten ließ, will ich mich gerne zu recht weisen lassen.

VI.
Untersuchungen über
das Vergnügen
am
Historischen,
besonders
an Romanen.

VI.

Untersuchungen über das Vergnügen am Historischen, besonders an Romanen.

Es gibt wenige Menschen, die nicht an der Geschichte ein groses Vergnügen fänden. Zwar findet man wenige, die den Namen eines eigentlichen Historikers verdienten, die die mühsame Untersuchungen in der Geschichte, das öfters undankbare Forschen in den Zeiten der Vorwelt nicht scheuten; auch ist die Menge derer nicht so sehr gros, welche das Studium der Geschichte ohne Unterschied mit Fleiß und Eifer treiben, es zum Grund philosophischer Untersuchungen, und zum Mittel sittlicher und geistiger Veredlung machen, und es zur Erweiterung ihrer Menschenkenntniß

niß gebrauchen. Allein dieses alles stöst die vorangeschickte Behauptung nicht um: denn die meisten Menschen, wenn sie schon weder Historiker im eigentlichen Verstande sind, noch das Studium der Geschichte, als solches, zu ihrer Lieblings-Beschäfftigung machen, lieben doch immer Erzählungen aus der Vorwelt, Erzählungen von den grosen Thaten der alten Helden, oder andern merkwürdigen und grosen Begebenheiten. Manchen schrökt zwar das Trockene der Einförmigkeit in der Geschichte, so wie sie in den gewöhnlichen Kompendien erzählt wird, vom ernsthaften Studium derselbigen ab, niemand aber ermüdet oder gähnt bei einzelnen merkwürdigen Erzählungen.

Erscheint besonders die Geschichte in reizendem und anmuthigem Gewande, und besizt der Erzähler den Vortheil, sie interessant zu machen, und unterhaltend vorzutragen: so werden gewiß die meisten seiner Zuhörer oder Leser eine ihrer liebsten Unterhaltungen darinn finden.

Man

Man bemerkt dieses schon bei Geschichten und Erzählungen aus dem täglichen Leben. Der einzige Stoff der Unterredung in Gesellschaften sind nicht selten Erzählungen entweder aus Anekdoten, oder von dem, was sich neuerlich da oder dort zugetragen hat, und man kann die Beobachtung in jeder Gesellschaft machen, daß, wenn auch hie und da die Unterredung einen andern Gang, als den historischen, genommen hat, nur halbweg einer aus der Gesellschaft irgend eine anziehende Geschichte zu erzählen anfangen darf, um jene Unterredung zu unterbrechen, und die Augen und Ohren der ganzen Gesellschaft auf sich und seine Erzählung zu richten.

Dieses Vergnügen an Erzählungen und Geschichte entdeckt sich bei dem Menschen schon früh, schon in den ersten Jahren der Kindheit, so bald die Seele einigermasen zum Gebrauch aller ihrer Sinne gelangt ist, und sich die Vernunft zu entwickeln anfängt. Daher die vielen Ammenhistörchen und Kindermährchen, die bei all ihrem heillosen Innhalt uns wenigstens so viel entdecken, wie

begie=

begierig schon die junge Kinderseele nach historischer Speise geizt, und die in unsern Zeiten doch nimmer so vielen Schaden anrichten können, wie vorher, da sie durch die vernünftigere Rochow'sche, Weisseſche, Campeſche und Salzmännische Erzählungen gröſtentheils verdrängt sind. Man kann überhaupt die Aufmerkſamkeit der Kinder durch nichts beſſer und ſicherer feſſeln, und ſich durch nichts beſſer bei ihnen empfehlen, als wenn man ſie in vertrauten Kreiſen um ſich verſammelt, und ihnen Geſchichten, paſſend, faßlich und intereſſant genug für ihr Alter, erzählt. Wie drängen ſie ſich da an den Erzähler heran, wie will jedes das nächſte an ihm ſeyn, um ja kein Wort ſich entſchlüpfen zu laſſen; wie wetteifern ſie mit dringendem Ungeſtümm untereinander, welches dem Erzähler am nächſten kommen möchte, und wie ſind ſie dann wann nun die Erzählung beginnt, ſo ganz Auge und Ohr! Nirgends iſt das Vergnügen am Hiſtoriſchen ſichtbarer als da.

Und um vollends ganz von der Allgemeinheit dieſes Vergnügens, beſonders auch

an

an Romanen, überzeugt zu werden, darf man nur einmal die heutige Lesewelt und die Verzeichnisse von Romanen, Begebenheiten, Erzählungen, Szenen, und wie die Geistesprodukte dieser Art alle Namen haben mögen, in den Meßkatalogen betrachten. Welche Fluth von dergleichen Schriften! Und wie begierig werden dennoch die meisten, öfters auch die heillosesten, von der Lesewelt verschlungen! Wie oft kann man in Gesellschaften, besonders von gebildet seyn wollenden Frauenzimmern, — denn bei solchen, die Mutter Natur selbst mit edler Einfalt wirklich gebildet hat, findet man das nicht so leicht, — kommen, wo nichts anderes gesprochen wird, als eine immerwährende Rezensirung dieses und jenes und anderer der neuesten Romane, und wo ein Mann durch nichts den Ruf der Galanterie gegen das schöne Geschlecht sich leichter erwerben kann, als wenn er nur immer für neue Provision von dieser Seelenspeise besorgt ist. Doch will ich damit nicht behaupten, daß diese Romanenwuth das schöne Geschlecht allein ergriffen habe; sie findet sich nicht

nicht seltener auch bei dem unserigen, und beweiset eben dadurch um so mehr die Allgemeinheit des Vergnügens am Historischen. Romane werden seit einigen Dezennien überall gelesen, überall verschlungen, überall wird wieder nach neuen gegeizt.

Man kann so manchen und so manche antreffen, die beinahe die ganze edle Zeit ihres Lebens, was ihnen von Essen und Trinken, Schlafen, Spazierengehen und Lustbarkeiten übrig bleibt, mit Romanenlesen hinbringen, und denen auch die ungeheure Verzeichnisse davon in den Meßkatalogen nicht reichhaltig genug sind, um von Messe zu Messe ihre edle Wißbegierde zu befriedigen. Und andere, bei denen die Lesung der Romanen noch nicht so sehr zur Wuth worden ist, finden doch dabei eine solche Unterhaltung, dergleichen ihnen nicht leicht eine andere Beschäfftigung gewährt. Kurz, Romanen und dergleichen Geschichten haben für den grösten Theil der heutigen Leser die stärkste möglichst anziehende Kraft, zum Beweis, wie gros und allgemein das Vergnügen am Historischen, besonders

ders am wunderbar und abentheuerlich Historischen ist.

Ich gehe aber nun zu der eigentlichen Absicht dieser Abhandlung, zu der Untersuchung über, **woher dieses allgemeine Vergnügen am Historischen, besonders an Romanen, seinen Ursprung habe?** Und diesen glaube ich in drei Quellen zu finden.

Die erste ist wohl der Reiz der Neuheit und die Neigung der Menschen zum Wunderbaren.

Was der erstere für mächtigen Einfluß auf uns hat, ist in der dritten unter diesen Abhandlungen hinlänglich gezeigt worden. Nun ist aber offenbar, daß er beim Historischen mit all seiner Stärke auf uns wirkt. Immer etwas neues und unbekanntes zu hören oder zu lesen, ist der Endzweck der meisten Historiologen. Wer Geschichte, wer Erzählungen, wer Romanen lieset, findet eben darinn seine gröste Unterhaltung, wenn ihn die Erzählung auf den weitern Erfolg immer begieriger macht: daher dann die verwickelt-
sten

sten Romane immer die unterhaltendsten sind, weil in solchen immer Szenen vorkommen, die durch ihre Neuheit reizen, und durch das Unerwartete überraschen. Auch bemerkt man bei Kindern, wenn man ihnen Geschichten erzählt, daß sie den Erzähler öfters mit der Frage unterbrechen: wie ists weiter gegangen? Natürlich! Ihre Seele, noch voll des Triebes der Neubegierde, sucht ihn so gut und so schnell als möglich zu befriedigen, will also in der Erzählung immer wieder neue Begebenheiten oder neue Wendungen der Geschichte hören, und der Erzähler kann sie nicht schnell genug auf einander folgen lassen. Es ist daher, beiläufig zu sagen, eine Haupterforderniß gut geschriebener Erzählungen für Kinder, daß sie nicht durch Weitschweifigkeit oder allzuviele Digressionen ermüden. —

Dieser Trieb der Neubegierde aber findet sich bei Erwachsenen noch eben so gut als bei Kindern: daher kommt es, daß auch sie, um diesen Trieb zu befriedigen, sich diejenigen Mittel wählen und aufsuchen, die ihn am besten und schnellsten befriedigen; und diese

sind

über Vergnügen am Historischen.

sind nun, wenn sonst gerade keine Wege vorhanden sind, etwas Neues selbst in seinem Wirkungskreise zu sehen, zu hören oder an sich selbst zu erfahren, Geschichte, Erzählungen, und besonders Romanen, wodurch die Neugierde so ganz ohne Mühe, auf eine so bequeme und behagliche Art, befriediget werden kann.

Dabei ist es durch Erfahrung bekannt, wie groß die Neigung der Menschen zum Wunderbaren ist. Diese wird nun durch Geschichte, Erzählungen, und besonders Romane, eben so wie der Trieb der Neubegierde hinlänglich befriedigt. Die wundervolle Begebenheiten in der Geschichte sind immer die, die uns am meisten Vergnügen verursachen, und daher kommt es auch, daß öfters eben die Romane, die Unwahrscheinlichkeiten auf Unwahrscheinlichkeiten, Abentheuer auf Abentheuer häufen, für den grösten Theil der Leser die unterhaltendste sind. Diese Neigung zum Wunderbaren hängt überhaupt mit dem Trieb der Neubegierde so genau zusammen, daß meistens, wo dieser sich äussert, auch jene sich mit einmischt. Und da jene der Phantasie freien

Spiel

Spielraum läßt, so ist sie von uns desto unzertrennlicher, und wir ergreifen daher jede Gelegenheit und jedes Mittel sie zu befriedigen, und daher rührt denn auch das allgemeine Vergnügen am Historischen. Hr. Pockels stimmt darinn in seinem Aufsaze über die *Neigung der Menschen zum Wunderbaren* im Magazin zur Erfahrungs=Seelenkunde, III. Bandes 3 Stück, mit mir überein.

Er sagt daselbst S. 84 f.

„Die Neigung der Menschen zum Wunder=
„baren, und, ich kann hinzusezen, zum Fa=
„belhaften, hängt lediglich von dem so
„mächtigen Triebe der menschlichen Seele
„ab, neue Vorstellungen und zwar solche
„zu empfangen, wodurch ungewöhnlich
„lebhafte angenehme Empfindungen in uns
„hervorgebracht und erhalten werden. Jene
„neuen Vorstellungen, wornach wir ver=
„möge eines uns natürlichen Erweiterungs=
„Triebes unserer Geistes=Thätigkeit streben,
„sind uns allemal um so viel willkomme=
„ner, je mehr sie den Reiz der Neuheit
„an sich haben: je weniger sie also an eine
„uns

„uns schon geläufige Menge bekannter Vor=
„stellungen gränzen, und je lebhafter die
„Eindrücke sind, welche sie in dem Gebiete
„unserer Empfindungen zurüklassen.

„Das Wunderbare ist aber vornehmlich
„geschikt, lebhafte Eindrücke auf uns zu ma=
„chen, und unsere Leidenschaften zu erschüt=
„tern. Wir fühlen es sehr deutlich, daß
„unsere Seele in eine heftige Bewegung ge=
„räth, wenn uns eine wunderbare Bege=
„benheit erzählt wird; oder wenn wir
„sie selbst zu sehen Gelegenheit haben. Un=
„ser Blut fängt heftiger zu wallen an, un=
„sere Gedanken folgen in einer ungewöhn=
„lichen Schnelligkeit aufeinander. Unsere
„Aufmerksamkeit scheint sich mit jedem Au=
„genblik zu verdoppeln. Alle unsere See=
„lenkräfte sind gespannt, um keinen Um=
„stand der sonderbaren Begebenheit ausser
„Acht zu lassen, und diese Spannung drükt
„sich sogar in Zügen unsers Gesichts aus.
„Man hat sogar merkwürdige Beispiele,
„daß Menschen dabei in Ohnmachten und
„Wahnsinn gefallen sind. Nichts ist uns

„un=

„unangenehmer, als in diesem Zustande
„lebhafter Vorstellungen, worein uns
„das Wunderbare versezt hat, durch Ge-
„genstände gestört zu werden, welche diese
„neuen Vorstellungen unterbrechen; und
„wir wünschen nicht selten — wenn wir
„auch gleich an die wunderbare Begeben-
„heit selbst nicht glauben können, daß sie
„wahr seyn möchte. So angenehm ist das
„Vergnügen, welches wir daraus schöpfen,
„und so stark der Reiz, welchen die Be-
„wunderung für unsere Vorstellungen und
„Empfindungen hat."

Worinn diese Neigung zum Wunderbaren ihren Grund habe, überlasse ich den Lesern in der angeführten Abhandlung im Morizischen Magazin zu suchen, weil diese Untersuchung nicht zum gegenwärtigen Zwecke
gehört.

Die andere Quelle, woraus das Vergnügen am Historischen entspringt, ist ein eben
so mächtiger, tief in unserer Seele liegender
Trieb, der Trieb der Gesellschaftlichkeit.
Es ist offenbar, daß der Mensch nicht zur

äusser-

äusserlichen Einsamkeit, — denn von der innern, von der Zimmermann auch redet, abstrahire ich hier, — geschaffen ist, und daß diejenige Menschen, welche die Einsamkeit mehr lieben als Gesellschaft, nur Ausnahmen von der Regel sind. Denn man findet den Trieb der Gesellschaftlichkeit sowohl beim unkultivirten Barbaren, als beim Kinde, und er scheint überhaupt in der ganzen Bestimmung des Menschen gegründet zu seyn. Aber, wird man fragen, wie kommt der Trieb der Gesellschaftlichkeit hieher? und wie soll sich daraus das Vergnügen am Historischen erklären lassen? Ich antworte: sehr natürlich. Die Phantasie, die, wie theils die Erfahrung beweiset, theils aus der ganzen vorhergehenden fünften Abhandlung erhellt, beim Lesen oder Hören einer Geschichte oder eines Romans, nicht unthätig bleiben kann, sondern so mächtig und mannigfaltig dabei mit einwirkt, läßt uns nun nicht mehr blos lesen und hören, sondern versezt uns, wie schon in der genannten Abhandlung angemerkt worden ist, gleichsam auf den Schauplaz der Geschichte selbst, und wir leben nun gleichsam in

Gesellschaft der in der Geschichte vorkommenden Personen, wir begleiten sie von Ort zu Ort, hören sie reden und sehen sie handeln, und geniessen so eben das Vergnügen, das uns sonst wirklich Gesellschaften gewähren. — Ich habe, wenn etwa diese Behauptung doch noch unwahrscheinlich scheinen sollte, dabei den grosen Menschenkenner Rousseau auf meiner Seite, welcher im zweiten Theil und achten Buch seiner Confessions S. 182. der Genfer Ausgabe von 1782. von sich sagt:

„Quand j'avois une fois ma chere „petite brioche, et que bien enfermé „dans ma Chambre j'allois trouver ma „bouteille au fond d'une armoire, quel- „les bonnes petites buvettes je faisois „là tout seul en lisant quelques pages „de roman! Car *lire en mangeant fut* „*toujours ma fantaisie au defaut d'un tète* „*a tete.* *C'est le supplement de la société* „*qui me manque.* Je devore alternati- „vement une page et un morceau: *C'est* „*comme si mon livre dinoit avec moi.*"

Ende

Endlich die dritte Quelle, woraus das Vergnügen, nicht sowohl am Historischen überhaupt, als vielmehr hauptsächlich an Romanen, und die daher entsprungene gänzliche Romanenwuth quillt, ist wohl eine gewisse in unserm Zeitalter herrschend gewordene und von Luxus und Modetändeleien erzeugte Erschlaffung und Armuth des Geistes. Leider, und Schande für uns, daß diese schon so weit gekommen ist, daß sie die Quelle anderer ihr günstigen Erscheinungen werden konnte. Indessen sind diese Erscheinungen einmal vorhanden, und lassen sich am leichtesten aus einer solchen Erschlaffung erklären. Es scheint seit einiger und zwar schon geraumer Zeit bei den mancherlei Revolutionen, zu denen sich unser ablaufendes Jahrhundert vorbereitet, auch Geist des Zeitalters geworden zu seyn, das Reelle zu verachten, und die edle Zeit mit elenden Kleinigkeiten zu vertändeln. Auf Gymnasien, hohen Schulen ꝛc. hat wenigstens diese unselige Seuche am meisten eingerissen. Tiefes Nachdenken erfordernde Studien, werden vernachlässigt, superfizielle Kenntnisse oben abgeschöpft, was gelesen wird, nur halb verdauet, und die übrige Zeit zu eben so Geistschwächenden Beschäfftigungen misbraucht. Daher kommt es dann, daß jede Kraft der Seele zu energischer Thätigkeit abgespannt wird, der Kopf leer von Ideen, höchstens noch mit Wind angefüllt bleibt; und da nun die Seele doch wenigstens einige Beschäfftigung haben muß, so nimmt man zu der leichten Speise der Romane seine Zuflucht, welche die Seele, besonders wann sie einmal so gestimmt ist, auch aus den beeden vorher angeführten Gründen um so leichter und vester an sich fesseln.

Dieß, glaube ich, sind die drei Hauptquellen, aus welchen das allgemeine Vergnügen am Historischen, besonders an Romanen, entspringt. Ich will nun nur noch einige praktische Folgerungen daraus herleiten.

Da die Geschichte auch um des Reizes der Neuheit willen, uns ein so unterhaltendes Vergnügen gewährt, so folgt daraus, daß sie eben deswegen, weil dieser Reiz aus einem sehr edlen Triebe der Seele, aus dem Triebe

nach)

nach Thätigkeit herstammt, e) eine der edelsten Beschäfftigungen für den menschlichen Geist ist, daß sie mithin auch den grösten Nuzen zur Veredlung desselbigen hat. Ich mag die oft gerühmten Vortheile des Studiums der Geschichte überhaupt hier nicht wiederholen, und schränke mich deswegen blos auf den psychologischen, auf die durch die Geschichte beförderte Erweiterung des Triebes nach Thätigkeit ein. Dieser Trieb wird durch das Studium der Geschichte befriedigt, durch öftere Befriedigung wächßt er, wie diß die Natur aller menschlichen Triebe mit sich bringt, und so entsteht endlich aus ihm, aufgereizt durch die Beispiele in der Geschichte, ein hohes Gefühl edler Selbstkraft, das zur Unternehmung und Ausführung aller grosen und edlen Thaten fähig ist.

Nicht diese edle Wirkung auf den menschlichen Geist hat das Lesen der Romanen. So nüzlich Geschichte zur Veredlung des Geistes ist, so schädlich ist gröstentheils für dieselbige das Lesen der Romanen, besonders das

e) Anm. ſ die dritte Abhandlung.

übertriebene. Es sey mir erlaubt, hier einige psychologisch-moralische Bemerkungen über das Lesen der Romanen einzustreuen.

Romane sind gleichsam ein süsses Gift, das wenn mans einmal gekostet hat, immer zu mehrerem Genusse reizt, und anfänglich langsam, zulezt aber schnell und unaufhaltbar tödtet. Ich muß hier voraussezen, daß ich von der grösern Anzahl der gewöhnlichen Romanen rede: denn ich weiß wohl, daß es auch einige wenige gute giebt, welche diese schädliche Wirkung nicht haben. Die gewöhnlichen aber, so sehr sie dem Leser das reizendste Vergnügen gewähren, und eben deswegen um so mehr, sind für den grösten Theil immer gefährlich. Sie fesseln die Begierde der Leser zu sehr, als daß man sich, wenn man das Vergnügen einmal geschmeckt hat, so schnell wieder davon losreissen könnte. Man verliert sich dabei in einer gewissen süssen Schwärmerei, die uns die ganze Welt ausser uns vergessen macht, aber eben deswegen, und weil wir dabei in einer so behaglichen Ruhe, ohne Anstrengung unserer Leibes- und Seelenkräfte

kräfte bleiben können, ist nichts geschikter, uns auf der einen Seite ganz in eine fremde blos idealische Welt zu versezen, und uns dardurch für die wirkliche untüchtig zu machen, und auf der andern den Flug unsers Geistes zu lähmen, unsere Kräften abzuspannen, und so den Trieb unserer Seele nach edler Thätigkeit ausser uns zu ersticken.

Indessen lehrt die Erfahrung doch, daß diese Wirkung der Romanen nicht ganz allgemein ist, nicht von allen Romanen gilt, und nicht bei allen Lesern sich äussert. Es giebt auch Romanen, denen man das Verdienst nicht absprechen kann, edle Gesinnungen unter ihren Lesern verbreitet zu haben, und auf der andern Seite giebt es auch Leser, welche die meisten Romanen ohne Schaden lesen können. Rousseau las auch Romanen, und ich kenne selbst einige Männer, die von Jugend auf immer ein groses Vergnügen an Romanen fanden, die, mit einer lebhaften Phantasie begabt, viele Romanen und von allerlei Art lasen, und die dabei doch in ihrem Fach sehr brauchbare Männer worden sind.

Noch

Noch jezt lesen sie dergleichen Schriften, aber sie haben es dabei in ihrer Gewalt, davon abzubrechen, so bald es nöthig ist, und sich das Lesen derselben nie zu erlauben, so lange Berufs- oder andere Geschäffte noch ihre Thätigkeit erfordern, und sie haben mir selbst schon gesagt, daß sie aus jedem Romane, wie die Biene aus jeder Blume, immer wenigstens etwas Gutes, zum Theil Neues gelernt hätten.

Allein solche Romanen und solche Leser mögen wohl immer den geringern Theil ausmachen, für den grösern haben sie gewöhnlich mehr schlimme als gute Folgen. Entweder Erschlaffung oder Ueberspannung des Geistes ist die gewöhnliche Folge davon. Daher die vielen, besonders jungen Leute beederlei Geschlechts, die, als ob sie an Geist und Leibe gelähmt wären, auf Gottes lieber Erde herumwandeln, die zu keiner Anstrengung des Geistes, zu keiner grosen und edlen That, zu keiner ernsthaften Beschäfftigung Lust und Fähigkeit haben, die sich deswegen auch zu keinem eigentlichen Berufe tüchtig machen können.

nen. Daher ferner die vielen anderer Art, die immer wie in den Wolken schweben, denen alles, was unterm Monde liegt, fremd ist, die für den Schneckengang gewöhnlicher Geschäffte, wie sie's zu nennen belieben, zu hoch fliegen, die nirgends zu Hause und mit dem Geiste überall abwesend sind, weil sie sich immer in höhern Regionen befinden, die vor lauter Sing=Sang und Sphärenklang die Stimme der Wahrheit auf der Erden nicht mehr hören können, die überhaupt für's praktische Leben gänzlich untüchtig sind. Daher die vielen traurigen und schrecklichen Beispiele von gänzlicher Ueberspannung, Verrückung und Wahnsinn, die durch übertriebenes Lesen der Romanen bei jungen Leuten, besonders vom andern Geschlecht, bewirkt wurden.

Es folgt nun aus diesem allem, daß das Lesen der Romanen, wenn es auch nicht ganz unterlassen wird, welches freilich für manchen eine harte Aufgabe wäre, doch wenigstens sehr behutsam genossen werden muß. Und aus den psychologischen Wirkungen des Romanlesens lassen sich ungefehr folgende Regeln für dasselbige abstrahiren:

1.)

1.) Man lese keine Romanen, so lange der Kopf noch nicht mit philosophischen Kenntnissen angefüllt, und zum Selbstdenken vorbereitet ist. Ein Grund, warum Kinder und Knaben davon abgehalten werden müssen.

2.) Man wafne sich gleich mit dem auch beim sinnlichen Genusse so nöthigen Vorsatz, da abzubrechen, wo der gröste Grad der Behaglichkeit eintritt, um vor dem hier besonders schädlichen Berauschtwerden verwahrt zu bleiben.

3.) Man mache sich's gleich Anfangs zur Regel, und gehe nie davon ab, diese Speise nie anderst, als zur Erholung, d. h. nie als nach vollendeten Berufs- oder Bestimmungs-Arbeiten, und wo nicht andere Umstände die Thätigkeit der Seele erfordern, zu geniessen. — Endlich

4.) treffe man, was sich von selbst versteht, eine kluge Auswahl unter Büchern dieser Art.

VII.
Ueber
das Angenehme
in der
Erwartung
und
Zukunft.

VII.
Ueber das Angenehme in der Erwartung und Zukunft.

So lange wir den Genuß irgend eines künftigen Guten oder einer angenehmen Begebenheit zu hoffen und zu erwarten haben, so lange ist unsere Seele heiter und vergnügt, wir sind frölicher im Glück und im Unglücke weniger verzagt, alles um uns herum erscheint uns in einem freundlichern Lichte, alles scheint uns gleichsam anzulachen. Hoffnung erleichtert auch dem Unglücklichsten seinen Zustand, sie läßt ihn mit froherem Blicke die Gegenwart betrachten, und in die Zukunft hinschauen, sie erhebt seinen sinkenden Muth wieder, sie gibt ihm neue Kräfte, sich, so viel an ihm ist, seinem Unglück zu entreissen. Es ist überhaupt unbeschreiblich, welche mächtige Wirkungen die Hoffnung und die Erwartung eines künftigen Guts auf unsere Seele hat.

Ja man kann an den meisten Menschen die Bemerkung machen, daß ein künftiges Gut, das sie erst noch zu hoffen haben, mehr Reiz für sie hat, und ihnen mehr Vergnügen schon zum voraus gewährt, als das gegenwärtige, das sie bereits geniessen. Man sieht nicht selten Menschen, die indem sie dem beneidenswürdigsten Glücke gleichsam im Schoose sizen, dieses verkennen, ohne es zu fühlen, hingegen sich dabei mit den angenehmsten Vorstellungen eines künftigen nach ihrer Vorstellung glücklichern, nach anderer, die ihn mit ruhigerm Auge und kälterem Blute betrachten, minder glücklichen Zustandes wiegen.

Daher unter andern, die viele Projektmacher, die nie zufrieden mit dem Gegenwärtigen, immer neue Plane künftigen Glückes entwerfen, und in der Gewisheit, Wahrscheinlichkeit oder auch nur Möglichkeit einer künfti-

künftigen Realisirung ihrer Plane gröſere Beruhigung oder gröſeres Vergnügen finden, als im Genuß des gegenwärtigen Glückes. Daher die Beiſpiele, die ich ſelbſt ſchon erlebt habe, daß manche Menſchen beim erſten Erwachen am Morgen die ganze Reihe ihrer gewohnten Vorſtellungen Revüe paſſiren laſſen, und nur dann vergnügt aufſtehen, wann ſie die Erwartung irgend einer angenehmen Begebenheit für die Zukunft je näher je lieber in derſelben entdecken. Kurz, die Erfahrung iſt allgemein, daß ein Gut in der Erwartung und Zukunft immer angenehmer iſt, als eines, das wir ſchon gegenwärtig genieſſen.

Sehr ſchön ſagt eben dieſes Hr. Villaume im 5ten Bande ſeines Philothee S. 157 ff. mit einigen paſſenden Bemerkungen, wovon ich das wichtigſte hier einrücken will.

„Wenn nun der Menſch, ſagt er, nach „Jahrtauſenden durch viele Verſuche, Erfahrungen und Leiden zu den Künſten gelangt iſt, welche zur Erhaltung und Sicherheit ſeines Lebens nothwendig ſind; hat „er ſeinen Zweck, die Ruhe und Zufrieden-

„heit nicht erreicht: diese scheinen vielmehr
„sich von ihm immer weiter zu entfernen.
„Es geht dem Menschen, wie dem Wanderer.
„Dieser sieht endlich nach langem Sehnen
„und schwerer Reise in der Ferne die Spize
„des Thurms, welcher seine Ruhestätte be-
„zeichnet. Nun denkt er, nun hab ich's
„endlich! der Thurm ist gleich hinter dem
„Berge, und der Berg ligt nahe vor mir!
„Er ersteigt voller Hoffnung den Hügel,
„und sieht daß er noch eine ganze Strecke zu
„gehen hat. Bald kommt er an eine Krüm-
„mung des Weges, er sieht den Ort bald
„zur Rechten bald zur Linken, und manch-
„mal gar hinter sich. — So gehts dem Men-
„schen. Er hat nunmehr alle Anstalten getrof-
„fen, Ruhe und Zufriedenheit zu geniessen.
„Plözlich steigen bei ihm neue Begierden auf;
„er fühlt neue Bedürfnisse, sieht neue Aus-
„sichten; und leztere immer weiter aussehen-
„der, als erstere. Nirgends findet er dauerhaf-
„te Ruhe, nirgends das Ende seiner Laufbahn.

„Denn so bald er mit den ersten Bedürf-
„nissen seines Lebens fertig ist, fühlt er neue
„Be-

„Bedürfniſſe. Er ſchaut ſchon weiter um
„ſich, wird vieles gewahr, und bald gelü-
„ſten ihn die neuen Gegenſtände. — —

„Der Menſch mag alſo in ſeinem Beſtre-
„ben nach Wohlſeyn ſo weit gehen als er
„will, nimmermehr wird er das Ziel er-
„reichen. Jeder Grad der Glückſeligkeit
„iſt für unſere Phantaſie und Begierden nur
„ein feſter Punkt, den ſie nur brauchen,
„um von da aus einen Schwung in die
„Ferne zu nehmen. Sie ſind und ſtreben
„immer weit vorwärts. An Ruhe, an
„Aufhören iſt niemals zu gedenken; weil
„das Feld ſich immer mehr eröffnet.

Ferd. „Ich muß bekennen, beſter Va-
„ter, daß dieſes gerade der Fall iſt, in wel-
„chem ich mich befinde. Meine Gedanken
„und Wünſche gehen immer vorwärts, im-
„mer wünſche ich mir ein paar Jahre älter
„zu ſeyn; und wenn ich eine Arbeit anfan-
„ge, berechne ich das Vergnügen, das ich
„am Ende haben werde. Oft habe ich des
„Morgens den Abend und heute den mor-
„genden Tag gewünſcht. Auch bin ich vie-
„mals

"mals in der gegenwärtigen Zeit, sondern
"immer in der Zukunft.

Vat. "So wird dir's immer gehen,
"mein Sohn; und so'geht es allen Men-
"schen, die etwas Lebhaftigkeit in der Ein-
"bildung und in den Gefühlen haben.

Ferd. "Das ist schlimm, denn dadurch
"wird man niemals froh, niemals ist man
"ruhig, niemals genießt man, was man hat.

Vat. "Aber doch, was man wünscht,
"was man hofft. Wenn uns die Dinge
"nicht erfreuen, so belustigen uns doch die
"Projekte, die Anstalten.

Ferd. "Doch nicht ganz: denn man be-
"sinnt sich doch, und dann denkt man, daß
"man das noch nicht hat, was man wünscht,
"und daß man es wohl gar nicht erhalten
"wird. Und dann ist es doch immer ein
"unruhiger Zustand des Gemüths.

Vat. "Der uns aber zur Arbeit und
"Betriebsamkeit aufmuntert.

S. 163 ff.

Ferd. — — Ich sah meine Blumen
"schon in der Hoffnung; ich zählte sie, ich
"brach

„brach einige, ich band einen Strauß; „kurz, ich war ganz voll davon.

Vat. „Und sind dir deine Blumen so „gut gerathen, als du hofftest?

Ferd. „Ja, und fast über meine Hoff= „nung, ob gleich ein paar ausgeblieben „sind.

Vat. „Hast du denn auch von deinen „Blumen alles Vergnügen gehabt, das „du dir versprachest?

Ferd. „Ich war ausser mir vor Freu= „den, als ich sie so gut gedeihen und schöne „Knospen ansezen sah. Alle Tage gieng ich „einigemal in den Garten, um zu sehen, „ob sie nicht bald aufblühen würden. Die „erste die sich öffnete, machte mir unaus= „sprechliche Freude. Das war aber so „ziemlich das Ende meines Vergnügens. „Denn da nun die Flur in ihrer Vollkom= „menheit dastand, hatte ich mich bald satt „daran gesehen, und es vergiengen ganze „Tage, daß ich mit keinem Fuß in den „Garten kam."

Vat. „Nun mein Sohn, das wußte
„ich schon, ehe ich's dir abfrug. Meine
„Frage hatte nicht zur Absicht, es zu er-
„fahren; sondern dich auf dich selbst auf-
„merksam zu machen. Siehe mein Kind,
„das ist die Geschichte deines ganzen Lebens,
„die Geschichte aller deiner Projekte und
„Hoffnungen, die Geschichte des ganzen
„Menschen-Geschlechts."

S. 166.

Vat. — — „Mit einem Worte, das
„Erwerben ist uns angenehmer als der
„Besiz. Es wäre für den Menschen das
„gröſte Unglück, wenn man ihm gleich al-
„les gäbe, was er nur je denken und wünschen
„könnte, so daß ihm zu erwarten und zu
„erwerben nichts mehr übrig bliebe. Er
„wüßte nicht, was er anfangen sollte.

„Man erzählt von Alexander, daß er
„über die Eroberungen seines Vaters un-
„zufrieden war. Seine Mitzöglinge sag-
„ten ihm, daß dieses dereinst das Seinige
„seyn würde. „Was hilfts mir," ant-
„wortete er, „vieles zu besizen, wenn ich
„nichts

„nichts zu thun habe?" — „So sind
„alle Menschen beschaffen."

„Das Erwerben also macht unser Ver=
„gnügen, nicht der Besitz. Niemals Ruhe,
„beständig Thätigkeit. Eine Thätigkeit
„ohne Ende, eine unaufhörliche Erzeu=
„gung; und niemals Genuß. Wozu das?
„warum fodert uns der Schöpfer zu einer
„solchen grenzenlosen Arbeitsamkeit auf, die
„keinen Zweck hat? Immer nur Mittel;
„nirgends Endabsicht!

„Man sieht daraus, daß unser Leben
„kein Ganzes, sondern nur ein Stück ei=
„nes grösern Ganzen ist; weil alle Absich=
„ten in demselben nichts weiter als Mittel
„sind, die uns immer zu andern Mitteln
„führen."

Selbst das Vergnügen, das der Ge=
nuß eines gegenwärtigen Gutes erregt,
wird erhöht, wenn wir dabei zugleich
die Vorstellung eines künftigen haben,
vermindert hingegen, wo diese fehlt. Ich
wenigstens kann mich nicht enthalten, unter
dem Genuß irgend eines sinnlichen oder geistigen

Vergnügens, mich schnell zu besinnen, ob mir nicht wieder eines in der Nähe bevorsteht, und finde ich es dann so, so wird dadurch immer das Gegenwärtige um einige Grade erhöht, die Freude wird lebhafter, der Geist heiterer, das Ende des gegenwärtigen Vergnügens, dem man sonst so ungern entgegen sieht, weniger furchtbar, und auch beim Sinnlichen kommt in diesem Fall der unangenehme Nachklang und die widrige Stimmung des Geistes, Symptome, die sonst gewöhnlich auf dergleichen Vergnügen zu folgen pflegen, nicht so leicht hinter drein.

Woher kommt nun diese unläugbare Erfahrung, und aus welchen psychologischen Gesezen läßt sie sich am leichtesten erklären? Ich glaube, sie hauptsächlich in zwo Ursachen zu finden.

Die erste ist wohl eine gewisse **Täuschung,** dergleichen wir, oft ohne daß wir es wissen, gar nicht selten unterworfen sind. Es kann geschehen, daß wir öfters aus einem ganz andern Beweggrund handeln, als der ist, den wir uns selbst von unsrer Handlung angeben.

Ein

Ein anderer liegt dunkel, aber tief in unserer Seele verborgen, dessen wir uns nicht deutlich bewußt sind, der aber doch die erste, wiewol uns unbekannte Triebfeder unsers Handelns war, und gleichsam der Thätigkeit unserer Seele den ersten Stos gab. Das schon oft gebrauchte Gleichnis von einer Reihe Billard-Kugeln paßt hieher vortreflich. Die erste im Reihen bewegt zwar die zwote, diese die dritte, diese die vierte, und so fort, bis endlich die lezte, angestosen von der vorlezten, sich fortbewegt, weil sie hinter sich keinen Widerstand mehr antrift, im Grund aber war doch die erste Kugel die eigentliche und Hauptursache, warum die lezte sich bewegte. So auch in unserer Ideenreihe. Die erste aufgewekte Idee wekt eine andere, diese eine dritte, diese wieder eine vierte u. s. w. bis endlich die Reihe an diejenige kommt, die uns zum Handeln zu bestimmen scheint. Nun glauben wir nicht selten, diese lezte Idee sey die eigentliche Ursache unserer gegenwärtigen Handlung, da doch die erste, die diese lezte erst durch eine Reihe anderer aufregte, das

Haupt-

Hauptmotiv derselbigen war; wir täuschen uns also, indem wir den Beweggrund in der nächsten deutlichen Idee zu finden glauben, der doch in einer entferntern dunkeln lag." —

Noch öfter täuschen wir uns bei den Beweggründen der Handlungen anderer, oder bei den Ursachen ausser uns vorfallender Begebenheiten, weil wir dort ihre Ideenreihe noch weniger verfolgen können, als bei uns selbst, und hier die verschiedenen Grund- und Mittel-Ursachen öfters zu sehr in einander greiffen, als daß wir die erste so leicht entdecken könnten.

Eine solche Täuschung waltet nun auch hier bei dem überwiegend Angenehmen in der Erwartung und Zukunft vor. Wir glauben dieses Vergnügen in einer paradisischen Wonne, die wir uns von der Zukunft versprechen, zu finden, und im Grunde liegt es in einer ganz andern Vorstellung.

Es ist sehr gewöhnlich, und die Erfahrung bestätigt es, daß dem so sey, daß wir nur im Gegenwärtigen allein, das mit jeder angenehmen Lage verbundene Unangenehme zu sehen pflegen, und dieses leztere öfters so deutlich, daß die Vorstellung und Empfindung des Angenehmen dadurch verdunkelt oder gar unterdrükt wird: daher denn so wenige Menschen mit ihrem gegenwärtigen Zustande zufrieden, und darinn vergnügt sind.

Bei der Vorstellung des Vergangenen oder Zukünftigen aber verhält sich die Sache gerade umgekehrt. Nur gar zu gewöhnlich erinnert man sich bei der Vergleichung des gegenwärtigen Zustandes mit dem vergangenen nur des Angenehmen in diesem, und vergißt das Unangenehme, das zugleich damit verbunden war. Daher dann die häufige Klagen so vieler Menschen, daß sie in ihrer gegenwärtigen Lage, die sie doch öfters selbst suchten, nicht glücklicher, oder auch minder glücklich seien, als in der vorherigen. Ihr gegenwärtiger Zustand zeigt sich ihnen von seiner angenehmen und unangenehmen Seite zugleich, von dem vergangenen haben sie diese vergessen, und erinnern sich nur noch jener. Daher kommt es dann, daß ihnen

dies

dieser gegen jenen ein Paradis, und jener gegen diesem eine Hölle scheint, unerachtet vielleicht jener noch vorzüglicher ist, als dieser.

So wie es nun in Ansehung des Vergangenen zu gehen pflegt, so geht es gemeiniglich auch mit der Zukunft. Haben wir Ursache, uhs der Hoffnung eines künftigen Guten zu erfreuen, so mahlen wir in unserer Vorstellung diese Zukunft mit allen möglichen heiteren Farben aus, wir träumen uns ein Paradis, und sehen nichts als Vergnügen und Wonne darinn. An das Unangenehme, oder minder angenehme, das etwa damit verbunden seyn könnte, denken wir nicht, oder wenn auch etwa ein Gedanke daran in unserer Seele aufkeimen wollte, so ist die Lebhaftigkeit der Freude über das künftige Gute Mittels genug, ihn wenigstens keine Wurzeln schlagen zu lassen. Daher kommt es dann, daß wann das gehoffte Gute endlich zum wirklichen Genusse erscheint, wann das geträumte Paradis verschwindet, wann neben dem Angenehmen auch das Unangenehme sich zeigt, der Genuß selbst, unerachtet vielleicht

das

in der Erwartung und Zukunft. 191

das Angenehme dabei, für sich, und getrennt von dem Unangenehmen, betrachtet, nicht geringer ist, als man es sich geträumt hatte, daß, sage ich, der Genuß selbst nicht mehr so angenehm ist, als die Erwartung des Guten, so lang es noch künftig war.

Dusch macht hierüber in seinem Karl Ferdiner 1 Bs. 1. Th. im 28sten Brief einige vortrefliche Bemerkungen, die ich um ihrer Vortreflichkeit willen hieher abschreibe. Ferdiner schreibt an seinen Freund, Eduards:

„Die gröste Summe, vielleicht der beste
„Theil der Vergnügen besteht in dem, was
„von einem Gute in Zukunft die Seele
„durch Einbildungen voraus nimmt. Ach!
„daß dagegen die Unzufriedenheit aus dem
„auffallenden Mißverhältnis der wirklichen
„Gröse desselben gegen die idealische ent-
„steht, und so meistens die eine die andere
„vernichtet!

„Lieber Freund, ich habe manches über
„menschliche Erwartungen und Glückselig-
„keit gedacht; und da scheint mirs, daß die
„Wollust des Vorgenusses unser beschiede-
„net

„ner Theil, und unser Alles seyn sollte. O!
„wenn die dienstfertige Einbildung, diese
„angenehme Betrügerin, den entfernten Ge-
„genstand, wornach unsere Wünsche stre-
„ben, der Seele so verschönert und so auf
„alle Seiten gewendet zum Beschauen und
„Geniessen vorhält, welch Gefühl der
„Wonne fließt durch den ganzen Menschen!
„Könnten wir dann zu rechter Zeit aufhö-
„ren, vergessen, uns selbst sagen: izt habe
„ich meinen Theil dahin! und nun wieder
„gleichgültig uns dem Gegenstande selbst
„nähern; vielleicht bliebe noch Vergnügen
„in dem Genusse desselben. Aber daß in
„eben diesem Vorschmack Erwartung und
„Begierde immer nothwendig wachsen, daß
„wir das entfernte Gut dann erst mit un-
„sern wärmsten Neigungen umschlingen,
„und am innigsten ans Herz drücken, wenn
„wir voll sind von glühenden hohen Vorstel-
„lungen, die über alle Grenzen der Gröse, über
„alle Einschränkung irdischer Schönheit so
„weit hinaufgehen, alle Nerven des Gefühls
„überspannen, ach! wie uns das jeden Ge-

gen-

„genstand in der Welt unter alles Verhält-
„nis gegen unsere Erwartung verkleinern,
„alle Freude des folgenden Genusses zer-
„nichten, und am Ende in Verdruß über
„fehlgeschlagene Hoffnungen auflösen!"

Auch seine eigene Erfahrung hierüber, die Ferdiner nun anführt, ist als Belege zu diesen Bemerkungen merkwürdig. Er fährt fort:

„Als ich Järmbüll im Gesichte hatte, lie-
„ber Freund, wie zitterte mirs durch alle
„Glieder! Aus tausend schönen Umständen
„sezte die Phantasey mir die Vorstellung
„des Empfangs zusammen. Herz und
„Seele weidete sich an der Reihe von Bil-
„dern, worinn ich dem natürlichen Lauffe
„der Dinge diesen Auftritt, ich möchte
„wohl sagen, vorgezeichnet hatte. Ich
„sahe Julien gerade in dem Augenblicke,
„als ich auf den Hoftritt, an die Thür
„kommen! Da stand sie, o! wie täuschend
„dargestellt! — Zweifelhaft, welchen Be-
„such sie erwarten sollte, schaute sie mit
„ahnen-

„ahnender Neubegierde herab, um sich
„durchs Gesicht zu belehren, warum ihr
„Herz so unruhig klopfte? Erkannte mich,
„und machte schon, von plözlicher Freude
„überrascht, eine eilige Bewegung, als
„wollte sie die Stuffen herunter und mir
„entgegen, als sie sich vermuthlich ihres
„Geschlechts erinnernd, und der Schicklich=
„keit, die es fordert, dißseits der Schwelle
„vorn auf der obersten Stuffe stehen blieb,
„meinen Grus mit derjenigen Neigung des
„Leibes beantwortete, über deren Bedeu=
„tung uns nichts verständigen kann, als
„eigenes antwortendes Gefühl; mit so sicht=
„barer Ungedult wartete, mich endlich mit
„solchen Zeichen der Freude empfieng, mit
„so einem durchschauenden, dann auf die
„Erde sinkenden Blicke, dem die aufge=
„hende Röthe der schönen Wangen die völ=
„lige Bedeutungskraft gab; sich so sehr
„wunderte, so mich bedauerte, mit so leb=
„hafter Wißbegierde fragte, und mit so
„viel Ahnung der Wahrheit, wie ich mich
„entschliessen können, zu solcher Zeit, in
„sol=

„solchem Wetter, auf solchen Wegen —
„Lieber, wie könnt ich ihnen die ganze Rei-
„he von schönen Träumen wiederholen,
„wodurch ich hingeschwärmt hatte."

„Als ich durchs Pforthaus kam, o! wie
„war alles ganz anders! Auf dem Hofe
„leblose Stille! Die Thür verschlossen!
„Auf der Schwelle keine Julie! Nicht eine
„einzige interessante Person in der Nähe
„oder Ferne, den Contrast unter Ideal und
„Wirklichkeit etwas sanfter und weniger
„hart abstechend zu machen. Diese Härte
„des Widerspiels zerrüttete mein ganzes
„Ideensystem, und brachte mich völlig aus
„der guten Laune! Ich stieg, lachen muß
„ich über mich selbst! langsam stieg ich
„vom Pferde, als wollt ich dem saumseli-
„gen Gange der Dinge mehr Zeit lassen,
„alle Umstände so zusammen zu ordnen,
„wie ich sie mir gedichtet hatte. Aber ob-
„gleich mancher Blick nach dem Hause fiel,
„dennoch erschien keine Julie." — — —

Die andere Ursache, welcher wir das Angenehme in der Erwartung und Zukunft zu

danken haben, ist der Trieb nach neuen Vorstellungen und Empfindungen. Es ist nicht nöthig, über diesen Trieb hier weitläufig zu kommentiren, seine Wirkungen sind in einigen dieser Abhandlungen schon hinlänglich gezeigt worden. Ich füge daher zur Erklärung, in wie fern er Ursache des Angenehmen in der Erwartung und Zukunft seyn könne, nur noch folgendes bei. Er läßt der Thätigkeit der Seele freien Raum, bei den Vorstellungen von der Zukunft kann sich die Seele denken, was und wie sie will, weil sie nicht, wie bei der Gegenwart, durch die Ideen, welche ihr diese angibt, eingeschränkt wird: freie Thätigkeit der Seele ist aber immer angenehm, daher das Vergnügen in der Erwartung. Er hat aber, wie alle menschliche Triebe, die Eigenschaft, daß er nach der Befriedigung aufhört, angenehm zu seyn, daher das überwiegend Angenehme in der Erwartung vor der Gegenwart, und das öfters Unangenehme oder minder Angenehme in der lange gehofften Gegenwart, wann sie nun zum wirklichen Genusse erscheint.

Es

Es ist auch bei diesem Triebe nicht nöthig, daß wir die neue Vorstellungen oder Empfindungen auf dem Wege der Ueberraschung erhalten. Im Gegentheil lehrt vielmehr die Erfahrung, daß Ueberraschung, wenn ihr Gefährte auch etwas sehr angenehmes ist, doch nicht so viel, wenigstens nicht so dauerhaftes Vergnügen verursacht, als die Erwartung und Hoffnung, besonders wenn sie sicher, und von unfehlbarem Erfolge ist. Der Trieb nach neuen Vorstellungen und Empfindungen erfordert, um sich in seiner ganzen Wirksamkeit zu zeigen, nur etwas unbekanntes, etwas noch nie, oder noch nicht oft, oder lange nicht mehr genossenes, etwas entferntes, das uns zwar der Hauptsache nach, nur aber nicht nach allen Theilen bekannt, oder zwar theoretisch bekannt, aber noch nicht von uns empfunden seyn darf, und diß ist bei der Erwartung gröstentheils der Fall.

Es ist übrigens sehr nöthig, sich den angenehmen Vorstellungen von der Zukunft nie allzusehr zu überlassen, weil es öfters geschieht, daß, wenn die Erwartung fehl schlägt, die

Seele in einen Mißmuth versinkt, der ihr auch die Gegenwart gänzlich verbittert, oder, wenn auch die Hoffnung gewis ist, die Seele alsdann nur in der Zukunft lebt, und webt, und deswegen mit der Gegenwart doch nie zufrieden ist, wenigstens die Weisheit entweder nie lernt, oder wieder vergißt, gegenwärtiges Glück wirklich und nach seinem ganzen Umfang zu erkennen und zu empfinden.

VIII. Ueber

VIII.

Ueber eine
besondere lächerliche Art
des
Nachahmungstriebes.

VIII.
Ueber eine besondere lächerliche Art des Nachahmungstriebes.

Einer der wohlthätigsten Triebe für die Veredlung unserer Seele ist der vom Schöpfer uns eingepflanzte Trieb der Nachahmung. Durch ihn, verbunden mit der Vernunst, wodurch er so weit über den ähnlichen der Affen erhaben ist, werden wir zu den Geschäfften des Lebens tüchtig, durch ihn lernen wir unsere Kräfte kennen und üben, durch ihn lernen wir alle die ad esse und bene esse erforderlichen Künste, Geschicklichkeiten und Fertigkeiten, er giebt unserer Seele gleichsam den ersten Stos zur Thätigkeit. — Daher denn auch die Allgemeinheit desselben unter allen Menschen, Geschlechtern und Altern.

Alle Völker, so viel wir ihrer kennen, üben ihn tagtäglich, das Kind äussert ihn am stärksten, weniger der Jüngling, noch schwächer der Mann, aber auch beim Greise erlöscht er nicht ganz. Das Kind ahmt alles nach, was es Erwachsene und Kinder thun sieht, so weit seine Kräfte reichen; und es entspringt daher aus diesem Triebe der erste Hauptgrundsaz einer vernünftigen Erziehung. Der Jüngling und Mann mäsigen ihn nur in so fern, als sie vorher den Nuzen der nachzuahmenden Sache mehr als das Kind überlegen, ehe sie nachahmen: aber den Grund ihrer meisten Beschäfftigungen müssen sie doch auf diesen Trieb bauen. — Auch der Unterschied der Geschlechter macht hier keine Verschiedenheit. Wo er bei Jünglingen und Männern in ihren Geschäfften sich äussert, da zeigt er sich bei Weibern und Mädchen vornehmlich auch in Nachahmung der Modetändeleien. Mode überhaupt und ihre baldige Allgemeinheit und weit ausgebreitete Herrschaft ist einer der stärksten Beweise für die Allgemeinheit des Triebes der Nachahmung.

Doch

Doch es bedarf dieses alles auch wirklich keiner weitläufigen Beweise.

So wie aber jeder menschliche Trieb auch zuweilen ausartet, so finden wir es auch bei dem Triebe der Nachahmung auf mannichfaltige Art. Eine besonders lächerliche Verirrung desselben anzuführen, ist die Absicht der gegenwärtigen Abhandlung.

Man bemerkt nemlich an manchen Leuten, daß sie gewisse **Kleinigkeiten selbst auch Schwachheiten groser**, in vielem Ansehen stehender **Männer** so ängstlich nachahmen, als ob es Wunder welche grose Eigenschaften wären. So kannte ich z. B. einst einen jungen Mann, der einen gewissen angesehenen Professor so ängstlich in Kleinigkeiten nachahmte, daß er sich seine Art zu lachen, zu husten, zu sprechen, mit der eifrigsten Nachahmungsbegierde angewöhnte, seine Bücher nach eben dem Schnitt und in eben der Form binden ließ, selbst auch die nemliche Farbe der Futterleinwand für seinen Huth wählte, wie jener. Man sah dabei das Gezwungene und Aengstliche so sehr, und diese sichtbare Veränderung in seinem äusserlichen Betragen stimmte so sehr mit der Zeit überein, in welcher er jenen Mann kennen lernte, daß es nur allzuauffallend, und allzuleicht war, den Grund dieser sonderbaren Veränderung zu entdecken. Und dergleichen Beispiele, bald mehr, bald minder auffallende, habe ich schon öfters theils selbst gesehen, theils von andern gehört.

Woher kommt nun diese lächerliche Ausartung des Nachahmungstriebes, und aus welchen psychologischen Gesezen läßt sie sich am besten erklären?

Die Ehrbegierde hat wohl den grösten Antheil daran. Einem grosen Manne ähnlich zu seyn oder zu werden, reizt immer den Ehrgeiz: denn den Ruhm und das Ansehen, worinn der grose Mann steht, erreicht der auch, der ihm wirklich ähnlich ist. Daher kommt es dann, daß solche Leute, um zu eben dem Ansehen und Ruhm zu gelangen, wie jene grose Männer, auch alles thun, wodurch sie ihnen ähnlich werden können, und deswegen auch alles an ihnen, so viel sie können, nachahmen.

Darzu

des Nachahmungstriebes.

Darzu kommt ein gewisser Trugschluß, vom Aeusserlichen aufs Innere, den man bei dieser lächerlichen Nachahmung gewöhnlich macht. Das Aeusserliche fällt auch bei dem grosen Manne mehr in die Augen, wird leichter und schneller entdeckt, und früher von mehreren Menschen beobachtet, als die innere Vorzüge des Geistes. Nach und nach bemerkt man zwar auch diese, aber später, und verzeiht um derselben willen einige beigemischte Schwachheiten im Aeusserlichen gern. — Vielmehr geschieht es leicht, daß nun, um der innern Vorzüge willen, auch solche Eigenheiten im Aeusserlichen, wenn es auch wirkliche Mängel und Schwachheiten sind, selbst als wesentliche Eigenschaften des grosen Geistes angesehen, und für unzertrennlich von ihm gehalten werden. Daraus folgt dann nun leicht, warum solche Menschen, die vor Begierde brennen, einem gewissen grosen Manne ähnlich zu werden, auch die geringste Kleinigkeiten, Eigenheiten und Schwachheiten an ihm, und diese nicht selten zuerst vor den innern Vorzügen so ängstlich nachahmen. Es kostet

fürs

fürs erste weniger Mühe, äusserliche Kleinigkeiten groser Männer nachzuahmen, als sich ihre innere Vorzüge eigen zu machen; und dann, weil jene immer eher als diese in die Augen fallen, so glaubt diese Art des servi pecoris imitatorum durch einen freilich höchst übereilten Trugschluß, es falle durch die Nachahmung solcher Kleinigkeiten von dem Glanz ihrer Originale etwas auf sie zurük, und man schliesse, weil dieses öfters wirklich geschieht, bei ihnen leicht vom Aeussern aufs Innere, die Welt müsse also denken, daß sie den grosen Männern, deren Kopien sie sind, wirklich auch im Wesentlichen ähnlich seyen, und so wie ihre äussere Eigenheiten, auch ihre innere Vorzüge besizen. Dazu kommt noch, daß dieser, obschon wirklich vorhandene, Trugschluß doch meistens nur dunkel sich in ihrer Seele erzeugt, und sie daher nicht nur die Welt glauben machen wollen, als ob sie mit den äussern Eigenheiten auch die inneren Vorzüge ihrer Originale verbänden, sondern selbst in dem Wahne stehen, diese Nachahmung sey wenigstens der erste Schritt zur gänzlichen

Aehn=

Aehnlichkeit mit dem nachgeahmten grosen Manne.

Auch verschlägt es nichts, daß man diese lächerliche Nachahmungsbegierde auch öfters bei wirklich denkenden Köpfen antrifft. Diese Erfahrung ist unläugbar, und eben der junge Mann, den ich oben zum Beispiel einer solchen Nachahmungsbegierde anführte, war im übrigen wirklich ein denkender Kopf, hatte unstreitig wirklich innere Vorzüge, und wäre ohne diese Schwachheit wirklich ein Verdienstvoller junger Mann gewesen; allein ich sage, dieses verschlägt nichts, denn wo ist auch unter den grösten Geistern unsers oder vergangener oder künftiger Zeitalter derjenige, dessen Licht nicht auch durch einige beigemischte Schwachheiten in etwas verdunkelt würde, und der nicht auch zuweilen sich zu Trugschlüssen verleiten liesse? Er müßte nicht Mensch seyn, wenn ihm nicht auch je und je dergleichen etwas widerfahren sollte.

Aber Schwachheit, lächerliche Schwachheit ists immer, und gereinigtere Begriffe können und müssen endlich diesen Trieb

schwä-

schwächen, und in seine gehörige Schranken zurück leiten. Je mehr der Verstand ausgebildet, je mehr der Kopf zum Denken gewöhnt wird, je mehr gute logikalische Anlage er bekommt, und je mehr er mit gründlichen Kenntnissen angefüllt wird, desto geringer wird die Gefahr, Trugschlüsse zu begehen, und desto schwächer auch diese lächerliche Art des Nachahmungstriebes werden, so daß endlich eben derjenige, der vorher mit der grösten Aengstlichkeit und eifrigsten Bemühung dergleichen Kleinigkeiten nachahmte, zulezt selbst über sich lacht, wenn einmal das obige bei ihm in Richtigkeit ist. — Uebrigens ist es sehr nöthig, diese Nachahmungsbegierde durch Ausbildung und Bereicherung des Verstandes zu schwächen: denn sie macht den Menschen, der sich ihr ergibt, in den Augen jedes Vernünftigen äusserst lächerlich, und benimmt ihm vieles von der Achtung, die ihm wegen seiner Verdienste, wenn er dergleichen hat, sonst wirklich gebührte, stellt aber, wenn er dabei keine Verdienste besizt, seine Thorheit nur in ein desto helleres Licht.

IX. Ueber

IX.

Ueber eine
besondere Ausartung
der
Ehrbegierde,

IX.

Ueber eine besondere Ausartung der Ehrbegierde.

So nüzlich und edel, als der in der vorhergehenden Abhandlung genannte Trieb der Nachahmung, ist auch der Trieb der Ehrbegierde, so lange er unverfälscht bleibt, und in seinen gehörigen Schranken gehalten wird.

Streben nach innerm Beifall des Herzens, nach dem Bewußtseyn edelvollbrachter Handlungen, Gefühl eigener Würde, edler Stolz auf schon vollbrachte gute Thaten, brennende Begierde nach Gelegenheit zu mehreren, Freude, wann unser Herz uns sagt: du hast edel gehandelt, sind lauter Eigenschaften, die nicht nur an sich untadelhaft, sondern auch

zur

zur Veredlung unsers Geistes sehr nüzlich sind. Denn durch all diese Dinge wird eigentlich erst das Streben nach rechtschaffenen Handlungen aufgeregt und befördert, und die wirkliche Vollbringung auch unter Schwierigkeiten angenehm und süs.

Aber selbst auch die Begierde nach Lob und Beifall von aussen ist ihrem ersten Ursprung nach nicht verwerflich. Zu wissen, daß auch die Welt es billigt, was wir thun, sich Ruhm und Ehre von gewissen Handlungen öffentlich versprechen zu können, reizt immer so sehr, und in gewisser Art noch mehr als innerer Beifall, zur Vollbringung solcher Thaten, und ist besonders da, wo nur gute Handlungen Ruhm und Ehre erwarten dürfen, ein sehr starker Sporn, sich in dergleichen hervorzuthun, und hilft auf diese Art leicht zu einer Fertigkeit darinn, mithin zur Tugend.

Keiner unter allen menschlichen Trieben aber artet wol leichter aus, als eben der Ehrtrieb, man mag ihn nach seinen verschiedenen Ausschweifungen selbst, wenn er in

Ehrder Ehrbegierde.

Ehrgeiz, Ruhmsucht, Hochmuth und Eitelkeit ausartet, oder nach den Gegenständen betrachten, auf die er sich wirft. Zum Endzweck der gegenwärtigen Abhandlung gehört hauptsächlich diejenige Ausartung, wenn man Ehre in schändlichen Dingen sucht. Es ist dem ersten Anschein nach unbegreiflich, und unsere ganze Natur empört sich dagegen, wenn man, besonders auf Universitäten und im Soldatenstande, ganze Schaaren von Jünglingen sieht, die sich in den schändlichsten und nichtswürdigsten Dingen gleichsam herumwälzen, und solche Handlungen nicht etwa heimlich und im Verborgenen begehen, sondern in öffentlicher Ausübung solcher Dinge, vor denen eine gesunde Vernunft zurükbebt, Ruhm und Ehre suchen. Schande ist's für die Menschheit, daß der Name eines Renommisten, das heißt eines Menschen, der es im Balgen, Raufen und in den Lastern der Unzucht, der Völlerei, des Betrugs, bis zur unseligen Fertigkeit gebracht hat, unter manchen Gesellschaften ehrwürdig ist. — So ist ferner der Duell, einer der größten Schandflecke ge-

sun-

sunder menschlicher Vernunft, nach und nach zu einem solchen Ansehen gelangt, daß seinen Gegner auf die Klinge fordern, auf die Ausforderung erscheinen, mit dessen Blute entweder seinen Degen und seine Seele zugleich beflecken, oder mit seinem eigenen Blut eine lasterhafte Seele um einer Kleinigkeit willen aushauchen für Thaten gehalten werden, denen Ehrensäulen gebühren, und derjenige, der aus Grundsäzen einer gereinigteren Vernunft damit nicht übereinstimmt, und sie nicht nachahmen will, für eine feige Memme, und aller öffentlichen Achtung für unwürdig erklärt wird. — Und die Grausamkeiten des Krieges, in welcher Achtung stehen sie nicht, aller ihrer Abscheulichkeit ungeachtet! Der Held, der tausende unglücklich, und nicht einen glücklich gemacht hat, bekommt doch, und nur um so mehr den Zunamen des Grosen. Menschen, über die das Blut und die Kinder vieler tausend Erschlagenen um Rache schreien, erbeuten Ruhm und Achtung, die man dem Strasenräuber, der vielleicht nur wenige unglücklich machte, versagt, weil jene gesezmäsig

zu

der Ehrbegierde.

zu morden schienen, indeß dieser widergesezlich raubte und schlug. Ein auffallendes Beispiel davon ist Alexander mit dem Beinamen: **Der Grose!** Diese sonderbare Erscheinung, besonders die erste unter den angeführten dreierlei Arten von Ausartung der Ehrbegierde, ligt nun doch, so widersinnisch sie auch scheint, und wirklich ist, in den Grundgesezen der menschlichen Seele, und in dem Urbegriff von Ehre. Doch wirken dabei, um diese Erscheinung hervorzubringen, mehrere Ursachen miteinander. Ich muß aber bei der Auseinandersezung dieser Ursachen vorausschicken, daß ich mich hier nur allein auf die erste angeführte Ausartung einschränke, wenn man nemlich Ehre in wirklich allgemein als schändlich anerkannten Dingen sucht.

Hier glaube ich nun eine Ursache dieser Ausartung vornemlich in einem im Jünglinge flammenden wilden und ungestümmen Feuer zu finden. Das rasch dahin wallende Blut, die im höchsten Grad aufgeweckte Lebensgeister, der geringe Vorrath von Erfahrung, diß alles reizt den Jüngling so

leicht

leicht zu mancher unbesonnenen Handlung, die er nachher selbst bei kälterem Blute, bei minderer Lebhaftigkeit, bei ruhigerem Temperamente und gröserer Erfahrung, als unbesonnen und schändlich bereut, verabscheut, verachtet. Nun lehrt die Erfahrung, daß es meistens Jünglinge sind, die sich der genannten Ausartung der Ehrbegierde schuldig zu machen pflegen, Jünglinge im ersten aufbrausenden Feuer der Leidenschaften, bei ihrem ersten Eintritt in die Welt, in dem Gefühl einer gewissen vorher eingeschränkteren Freiheit. Freilich währt auch diese tolle Ehrbegierde bei manchem länger, als man seinem Alter nach denken sollte: aber bei manchem braußt auch das Feuer der Jugend länger, als bei einem andern. Es ist also eine der wahrscheinlichsten Ursachen, daß diese Ehrbegierde aus wildem Jünglingsfeuer entsteht.

Der Jüngling ist immer zu grosen, wenigstens zu auszeichnenden Thaten aufgelegt; und daraus folgt nun eine zwote Ursache, die es begreiflich macht, wie selbst schändliche Dinge Gegenstände der Ehrbegierde werden kön-

können. Diese ist nemlich das Schwere und Ungewöhnliche groser Lasterthaten. So viel Anstrengung, so viel Verläugnung, so viel Mühe und Arbeit zur Ausübung groser Tugenden erfordert wird, so viel kostet es auch, grose Laster und Ausschweifungen zu begehen. Weder zu jenem, noch zu diesem ist jeder gleich aufgelegt. Die Begehung groser Laster erfordert eine gewisse Verläugnung und Erstickung des moralischen Gefühls, die wahrlich im Anfange wenigstens so viele Mühe kostet, als die Verläugnung und Erstickung überwiegender Sinnlichkeit bei der Gewöhnung zur Tugend. Sie erfordert Muth, sich über gewisse Begriffe von Recht und Unrecht, von Wohlanständigkeit und Schändlichkeit hinwegzusezen, und sie als unnüze Vorurtheile anzusehen. Sie erfodert eine gewisse Gröse des Geistes, die in allem, was ein solcher Mensch thut, ausserordentlich ist. Denn wer nicht zu grosen Tugenden fähig ist, ist es auch nicht zu grosen Lastern, und umgekehrt. Daher die nicht seltene Beispiele, daß ein sehr lasterhafter Mensch, wenn einmal seine Seele,

einen

einen Stos auf eine edlere Bahn erhalten hatte, nun eben so groß in der Tugend wurde, als er es vorher im Laster war; und im Gegentheil ein Mensch, der vorher Tugend in hohem Grade besessen und ausgeübt hatte, wenn er durch eine unglückliche Verstimmung seiner Seele auf die Bahn des Lasters abglitt, darinn nun eben so ausschweifend ward, als vorher seine Tugend sich über die Grenzen gewöhnlicher Gröse erhoben hatte. — So gehört auch zum Duell und zur Erlangung des Kriegsruhms eine gewisse seltene stoische Unempfindlichkeit, eine gewisse Verachtung des Todes und Verläugnung der natürlichen Liebe zum Leben, die auch gemeinen Seelen nicht eigen ist.

Grose ausgezeichnete Laster sind ferner eben so ungewöhnlich und selten, als grose Tugenden. Man findet so selten einen Cartouche, Lips Tullian, Nero, als einen Sokrates, Markus Aurelius und Titus Vespasianus. Alles Ungewöhnliche aber reizt zur Nachahmung. Daher kommt es dann, daß dieses, verbunden mit dem Schweren groser

Laster

der Ehrbegierde. 219

Laster die Begehung derselben endlich zu einem Gegenstande der Ehrbegierde macht. Man hält dieselbige für Anzeigen eines grosen Geistes, eines ungewöhnlichen Muths, einer ausgezeichneten Stärke und Ausdaurung der Leibes- und Seelenkräfte, und wer sollte nun im Besiz solcher Dinge nicht Ehre suchen? Man misdeute mir übrigens — um gewisser Leute willen muß ich diß noch beisezen — diese Erklärung nicht. Gott bewahre mich, daß ich dardurch jener tollen Ausartung der Ehrbegierde das Wort reden wollte. Diese Erklärung soll nur zeigen, wie und warum der menschliche Geist so weit sinken könne, im Laster Ehre zu suchen: es wird aber unten deutlicher werden, was eine solche Ehrbegierde ist, wie wenig sie mit wahrer Ehre und wirklicher Geisteskraft und Gröse übereinstimmt, und daß offenbar die gemachten Schlüsse, die zwar wirklich der Grund derselbigen sind, nichts anders als Trugschlüsse heissen können.

Ganz hinlänglich ist aber freilich die angeführte Beobachtung zur Erklärung dieser Erscheinung nicht. Denn man kann dabei

immer

immer noch einwenden: Warum verfällt aber der grose Kopf nicht eher auf vorzügliche Tugenden, als auf ausgezeichnete Laster? warum übt er nicht seine Kräfte vielmehr an jenen, und sucht in ihnen seine Ehre? Warum sind es gerade Laster, auf die er verfällt, und die er zum Gegenstand seiner Ehrbegierde macht? Es müssen daher, um diß zu erklären, noch andere mitwirkende Mittelursachen zu Hülfe genommen werden.

Und von diesen liegt, wie mir dünkt, eine in Gesellschaft und Beispiel. Der Jüngling mit dem wilden Feuer seiner Jugend kommt in Gesellschaften, wo er von verübten Lasterthaten als von Ehrenzeichen sprechen höret, wo die Ehrbegierde aus schändlichen Dingen zum herrschenden Tone geworden ist; er sieht so manche Beispiele um sich her, wie andere seines gleichen nach dergleichen Thaten streben und ringen, und die Kennzeichen davon als Trophäen herumtragen; er sieht, daß er verlacht wird, wenn er sich vor einer solchen tollen Ehrbegierde entsezt, hingegen Ruhm und Ehre erwerben kann, wenn er mit

mit macht; er fängt also an, sein moralisches Gefühl zu betäuben, erstickt es endlich ganz; und ist er dabei ein wirklich fähiger Kopf, und von sehr lebhaftem Temperament, so poussirt er sich im Laster immer weiter, sucht Ehre darinn, und wird in demselben endlich so groß, als er seinen Fähigkeiten nach unter andern Umständen in der Tugend hätte werden können. — Aber, höre ich wieder einen Einwurf, wie kamen denn die Verführer dazu, Ehre im Laster zu suchen? Sie waren selbst auch Verführte. Wohl! aber kann das ins Unendliche so fortgehen? Man muß doch endlich auf einen Verführer kommen, der nur Verführer, nie der Verführte war. Also wie kam dieser auf den Abweg, seine Ehrbegierde auf schändliche Dinge zu richten. Zur Beantwortung dieses Einwurfes muß ich wieder auf die erste Erklärung dieser Erscheinung mich berufen, wo ich bewiesen habe, daß der Grund davon gewissermaßen in der menschlichen Seele selbst liegt. Zu dem ist es leicht möglich, daß die Seele eines solchen Menschen, der Verführer ward, ohne je der Ver-

führte

führte gewesen zu seyn, durch irgend einen Zufall, — wir haben dieses unphilosophische Wort doch immer noch nöthig, um etwas Ungewisses oder Unbestimmtes auszudrücken,— diese unglückliche Stimmung, diesen Misklang einmal erhielt. Wie man denn dergleichen Beispiele immer erleben kann, daß ein Mensch vom besten Herzen und dem fähigsten Kopfe durch ganz unbedeutend scheinende Umstände eine solche verkehrte Seelenstimmung erhielt, die auf sein ganzes Leben Einfluß hatte, und ihn, je gröser seine Geistesanlagen und je besser oder vielmehr je weicher sein Herz ist, desto leichter zu Ausschweifungen fortriß; welcher Mißklang der Seele nun durch ihn auch andern mitgetheilt, und so endlich auf ganze Generationen fortgepflanzt werden konnte. f)

Eine dritte mitwirkende Ursache dieser unseligen Ausartung der Ehrbegierde mag wohl auch das *nitimur in vetitum* seyn. Den Grund dieser Neigung zum Verbotenen will ich hier nicht un-

---

f) Man findet davon merkwürdige Beweise in dem Leben Anton Reisers.

untersuchen, weil ihr eine eigene Abhandlung in diesen Materialien gewidmet ist, die Erfahrung aber selbst bürgt für das Daseyn dieser Neigung; und es ist also wohl nicht zu zweifeln, daß sie auch ihren Einfluß in die Erscheinung, die der Gegenstand dieser Abhandlung ist, habe. Der Jüngling, auf den diese Neigung, so wie alle Neigungen und Triebe überhaupt, mit ihrer ganzen Stärke wirkt, drängt sich mit Ungestümm zur Ausübung einer That, von der er weis, daß sie unerlaubt ist, und geräth auf diese Art leicht auf die genannten Abwege, er freut sich alsdann, das nitimur in vetitum befriedigt zu haben, und daher kommt es dann, daß er zulezt Ehre darinnen sucht.

Endlich liegen dabei auch **Vorurtheile**, die Quelle so mancher Thorheiten, g) zum Grund. Es trifft dieses besonders beim Duell und der Kriegsgrausamkeit ein. Das Vorurtheil von Ehre, das den Begriff von wahrer

---

g) Man schlage darüber die lesenswürdige Abhandlung in Herrn Prof. Abels Sammlung und Erkl. 1c. 2. Th. nach.

rer Ehre mit dem von falscher vermengt, scheint den Duell dadurch nothwendig zu machen, und ihn zu einem würdigen Gegenstand der Ehrbegierde zu erheben. Man glaubt, entweder einen Angriff der Ehre durch nichts als durch sein eigenes, oder durch das Blut des Gegners abwischen zu können, oder seine Ehre zu beflecken, wenn man die Herausforderung des Gegners nicht annimmt. Nun ist es sehr bekannt, wie bald und allgemein Vorurtheile um sich greiffen, und wie groß und stark ihre Macht ist. Es ist daher kein Wunder, wenn auch sonst vernünftige Menschen zulezt denselben unterliegen, und eben darinn Ehre suchen, was ihnen, wären sie vom Vorurtheil nicht eingenommen, sonst Tollheit und Schande scheinen würde.

Aus diesen Beobachtungen nun, läßt sich, glaube ich, die angeführte Erscheinung am besten erklären: doch berufe ich mich dabei immer wieder auf die Vorrede zu diesem Buch, wo ich sagte, daß ich eigentlich mehr nur anzeigen als erklären wollte.

So gewis sich aber diese Ausartung der Ehrbegierde aus den Gesezen der menschlichen Seele erklären läßt, so gewis ist sie dabei doch eine Verstimmung der Seele, es ist immer ein schändlicher Abweg, worauf der Ehrtrieb dardurch geleitet wird, es ist ein verabscheuungswürdiger Misbrauch dieses ursprünglich so edlen und nüzlichen Triebes.

Da sich aber diese Ausartung, wie oben schon bemerkt worden ist, hauptsächlich bei solchen Menschen äussert, die unter andern Umständen eben so zu grosen Tugenden fähig und aufgelegt wären, als sie es jezt zu grosen Lastern sind: so kann dieser Trieb auch wirklich durch Versezung in eine andere Lage in seine gehörige Schranken zurükgeleitet werden. Ausbildung des Verstandes und Gewöhnung an gute moralische Grundsäze werden die Ausartung schwächen und hemmen, werden die falschen Begriffe von Ehre berichtigen, werden die Gefühle von Recht und Unrecht schärfen, werden dadurch die Ehrbegierde auf edlere Gegenstände lenken, und werden in der Seele zwar den mächtigen Trieb nach Ehre nicht

nicht abstumpfen, aber ihn mit Harmonie und Ruhe der Seele verbinden. Denn je mehr der Verstand ausgebildet wird, desto mehr lernt er Wahrheit von Schein und Irrthum unterscheiden, und je mehr das moralische Gefühl erhöht, und die sittlichen Grundsäze verbessert werden, desto stärker wächst der Abscheu gegen alles, was jenem Gefühl widerspricht.

Und es ist auch wahrlich sehr nöthig, durch Ausbildung des Verstandes und gute moralische Grundsäze sich von dieser Ausartung der Ehrbegierde loszumachen. Denn ihre ganze Beschaffenheit zeigt allzudeutlich, daß sie der schnurgerade Weg zum Verderben ist, wenn sie nicht noch in Zeiten abgeschafft, oder umgelenkt wird. — Auch darf man sich dabei nichts darauf zu gute thun, daß eine gewisse Stärke des Geistes zu solchen Ausschweifungen, wie zu grosen Tugenden erfordert wird; denn bei grosen Tugenden kann man aushalten, und wird nicht so leicht geschwächt. Laster hingegen greiffen Leib und Seele zugleich an, entnerven jenen, und schwächen diese, zerrütten nach und nach beide, und ihr Ende ist nur um so schrecklicher, je ausschweifender sie begangen wurden, und je mehr Aufwand an Leibes- und Seelenkräften die Ausübung derselbigen kostete.

X. Ueber

X.

Ueber die Moralität solcher Handlungen,

die sich aus natürlichen Trieben erklären lassen.

X.

Ueber die Moralität solcher Handlungen, die sich aus natürlichen Trieben erklären lassen.

Vorerinnerung.

Die nachstehende Abhandlung arbeitete ich schon im Jahr 1782. aus, und übergab sie damals zur Erlangung der Magisterwürde der philosophischen Fakultät zu Tübingen als Probschrift. Als ich sie jüngst revidirte, fand ich sie eines Plazes unter psychologischen Versuchen nicht unwerth: denn Beobachtungen über die menschlichen Triebe oder Instinkte, wie man sie nun lieber nennen will, sind immer auch ein würdiger Gegenstand für die Aufmerksamkeit des Seelenforschers. Sie haben

haben ihren eigenen Gang, welchem nachzuspühren doch immer auch einiger Mühe werth ist — noch aber sind sie nicht ganz ins Reine gebracht, eine Untersuchung darüber taugt also immer auch in Materialien zur künftigen Aufklärung in der Erfahrungs-Seelenlehre. Ueberhaupt habe ich schon in der Vorrede angemerkt, daß auch solche Beobachtungen hier nicht ausgeschlossen werden sollen, die in die Thelematologie einschlagen, und zur Beurtheilung der Sittlichkeit dieser oder jener Handlungen dienen. Ich beschloß deswegen die nachstehende Abhandlung mit Abänderung und Auslassung einiger wenigen Aeusserungen, worüber sich bisher theils meine Kenntnisse berichtigt, theils meine Ueberzeugung geändert hat, hier einzurücken, mit der Vorausschickung, daß ich hier nicht sowol auf das psychologische Grund-Princip der menschlichen Triebe, als vielmehr auf ihre Wirkungen Rüksicht nehme.

Und nun zur Sache:

Abhandlung.

Es ist keine tiefe Kenntniß der menschlichen Natur dazu nöthig, um einzusehen, daß der Mensch ausser seinen geistigen Kräften und Fähigkeiten auch solche, die er mit den unvernünftigen Thieren gemein hat, das heißt **thierische Fähigkeiten** besize. Ob diese thierische Fähigkeiten ihm von seiner Vollkommenheit etwas benehmen, ob ihre Abwesenheit ihn in die Klasse vollkommenerer Geister versezen würde, lasse ich unentschieden. Soviel ist gewiß, daß in der Verbindung, in der er mit dem Ganzen und mit dem Zusammenhang der Welt steht, diese Kräfte und Fähigkeiten für ihn nothwendig sind, und eher Vollkommenheiten als Unvollkommenheiten genannt zu werden verdienen. Unter diesen thierischen Fähigkeiten nun zeichnen sich die **natürlichen Triebe** vornemlich aus. Wir bemerken nemlich bei unvernünftigen Thieren sowol als bei den Menschen, daß beide eine meistens unwillkührliche Neigung haben, das oder jenes zu thun, wobei auch bei dem Menschen keine Ueberlegung sich zu äussern scheint. So wie aber der Mensch alles, was er auch mit den unvernünftigen Thieren gemein hat, in einem weit höhern Grad besizt, so wie alles diß von reinerer, vollkommenerer Art bei jenem ist, als bei diesen: so hat Gott auch in Ansehung der natürlichen Triebe einen Unterschied unter Menschen und unvernünftigen Thieren gemacht, und jenen ausser den Trieben, die sie mit diesen gemein haben, noch höhere zugegeben, die sie ausser dem hohen Grad von Vernunft, den jene vor diesen vorausbaben, genugsam von ihnen unterscheiden. Da nun aber eben diese Triebe ein Hauptstück unserer Fähigkeiten sind, so sieht man auch leicht, daß sie auf unsere Handlungen einen ungemein grosen Einfluß haben, und daß deswegen bei der Beurtheilung ihrer Moralität, wenn sie sich aus natürlichen Trieben erklären lassen, auf diese vornemlich bei Schäzung ihres Werthes Rücksicht genommen werden muß. Ich werde also nun den Einfluß der natürlichen Triebe in unsere Handlungen zeigen, und daraus die Moralität solcher Handlungen beurtheilen.

aus natürlichen Trieben. 233

Es haben aber sowol die niedrigere Triebe, die wir mit den unvernünftigen Thieren gemein haben, als die höheren, die wir vorzugsweise vor ihnen besizen, auf unsere Handlungen Einfluß. Was aber ein solcher Trieb sey, läßt sich durch keine Definition ganz deutlich bestimmen. Verschiedene Gelehrten haben zwar versucht, Definitionen davon zu geben, wie z. B. Bilfinger ihn auf folgende Art beschreibt:

„Instinctus naturalis est species appe-
„titus sensitivi et aversationis ea, quam
„sine conscientia sui concipimus; ubi
„igitur cognitio boni vel mali ne qui-
„dem clara esse solet, sed vel obscura
„solum, vel ita tenuiter clara in toto
„ut tamen non fundet conscientiam
„sui," i)

Crusius ihn
„ein solches Wollen" nennt, „welches
„auch ohne Vorsaz mit einer Beständig-
„keit fortdauert," k)

P 5 und

i) s. seine Dilucidationes philosophicas.
k) s. Anweisung vernünftig zu leben, §. 23.

und Reimarus denselben durch

„alles natürliche Bemühen zu gewissen
„Handlungen und die Wirksamkeit der
„Kräfte 1)

ausdrückt, so geben doch alle diese Definitionen keinen ganz deutlichen Begriff davon. Campe macht die Sache noch am deutlichsten, wenn er in seiner kleinen Seelenlehre für Kinder S. 154. sagt.

„Der liebe Gott hat die Seelen der Thiere
„so eingerichtet, daß sie einige Dinge be‐
„gehren, andere verabscheuen müssen, ohne
„zu wissen, warum? Dieses Begehren und
„dieses Verabscheuen, dem sie folgen müs‐
„sen, sie mögen wollen oder nicht, nennt
„man Instinkte."

Aber ganz deutlich kann eine solche Definition doch nie werden, weil die Instinkte selbst auf dunkeln Vorstellungen beruhen, und daher die Sache durch Beispiele viel deutlicher gemacht werden kann.

Oben habe ich angeführt, daß sich unsere Triebe in niedere und höhere abtheilen. Die
nie‐

---

1) s. von den Trieben der Thiere S. 2.

niedere theilen sich nun wieder in mechanische und willkührliche Triebe ein.

Mechanische Triebe — die aber kaum diesen Namen verdienen, weil es eigentlich nur körperliche thierische Verrichtungen sind, wenn schon auch die Seele zuweilen ihren Antheil daran hat — sind solche, welche meistens ohne unser Zuthun im Körper bewirkt werden. Daß z. E. unser Blut einmal wie das andere vom Herzen weg und wieder zum Herzen geht, daß der Magen die Speisen, die wir ihm geben, verdauet, daß sich die Gedärme in einer wurmförmigen Bewegung drehen, daß die Säfte vermittelst der Drüsen abgesondert werden, daß sich unser Augenstern bei einem starken Lichte zusammen zieht, und in der Finsterniß erweitert, daß der Magen bei allzuvieler Ueberladung desselben die Speisen wieder von sich gibt, daß bei andern Fehlern im Unterleibe ein Durchfall entsteht, u. dgl. Diß alles sind Wirkungen, die meistens ohne unsern Willen vor sich gehen, und solche Triebe sind also auch selten einer Moralität fähig, ausser wenn etwa, wie

beim

beim Erbrechen, beim Durchfalle ꝛc. freiwillige Handlungen vorhergegangen sind, die dieses bewirkt haben. Und doch waren auch hier nicht die mechanischen Triebe die wirkende Ursache der Handlung, sondern diese die Ursache des in Bewegung gesezten mechanischen Triebes, und können also unmöglich aus demselbigen beurtheilt werden.

Die andere Gattung der niedern Triebe sind willkührliche Triebe. Man versteht zwar unter diesen keine Ueberlegung vor einer Handlung, doch unterscheiden sie sich dadurch von den mechanischen, daß bei ihnen eine sinnliche Vorstellung von Lust oder Unlust vorhergeht, die unsere und der Thiere Handlungen bestimmt. Der Grundtrieb dieser willkührlichen Triebe ist **Selbstliebe**. Diese ist kurz das Bestreben nach seiner eigenen Wohlfahrt. Es ist dem Menschen natürlich und harmonirt mit seiner ganzen Natur, daß die Sorge für seine eigene Wohlfahrt das erste ist, das er auszuüben strebt. — Der Grundsaz, daß ein jeder sich selbst der nächste sey, fließt unmittelbar aus diesem Triebe her,

und

und man kann ihn deswegen ohne Spizfindigkeit als das Grundgesez der ganzen Moral annehmen. Daß nun Handlungen, die aus der Selbstliebe herrühren, wenn sie nicht ausgeartet ist, immer rechtmäsig sind, folgt schon aus der Natur derselben. Denn ordentliche Selbstliebe sucht ihren Nuzen ohne den Schaden eines andern. Allein man bemerkt nur gar zu häufig, daß dieser Trieb in manchen Fällen ausartet; diese Ausartungen sind Eigennuz und Eigenliebe. Eigennüzig wird derjenige genannt, der nur allein auf seine Vortheile bedacht ist, und sie auch mit dem Schaden anderer zu befördern sucht. Dieser Eigennuz macht ihn zu den edlern Empfindungen von Liebe, Grosmuth, Dankbarkeit ganz unfähig. Daraus sieht man also leicht, wie die Handlungen eines solchen Menschen in Ansehung ihrer Moralität beschaffen sind; ein Mensch, der auf nichts als auf seinen eigenen Nuzen bedacht ist, zeigt immer einen sehr schlechten moralischen Charakter, und kann vermöge desselben leicht dahin gebracht werden, daß, wenn er seinen Nuzen auf keine andere Art zu befördern weiß, als mit dem völligen Untergang seines Nebenmenschen, er sich kein Gewissen daraus macht, ihn in ein solches Unglück zu stürzen. — **Eigenliebe**, die andere Abart der Selbstliebe, ist derjenige Fehler, wenn man seine eigene Vollkommenheiten mit übertriebener Selbstgefälligkeit betrachtet. Handlungen, die aus diesem Fehler entstehen, sind zwar nicht so böse, wie die aus Eigennuz, doch sind sie auch nicht ganz zu entschuldigen. Es ist ein unumstösliches Gesez der Sittenlehre, daß es unerlaubt und unrechtmäsig sey, andere, die etwa weniger Vollkommenheiten als wir besizen, deswegen zu verachten; daß aber diese Verachtung anderer aus der Eigenliebe entstehe, ist klar. Ueberdiß hindert uns die Eigenliebe am Streben nach weiterer Vollkommenheit, und hat also auch die Fehler der Trägheit, Unwissenheit ꝛc. zu Folgen.

Aus dem Trieb der rechtmäsigen Selbstliebe folgen nun unmittelbar die Triebe der **Sinnlichkeit** und **Selbsterhaltung**. Beide hangen sehr genau miteinander zusammen. Jener,

Jener, der Trieb der Sinnlichkeit, treibt uns an, alle angenehme sinnliche Empfindungen zu begehren, und alle unangenehme zu verabscheuen, und daraus folgt dann nun schon auch der Trieb der Selbsterhaltung. Denn wären wir unempfindlich gegen Schmerz und Vergnügen, so würden wir blindlings in alle Gefahren hinein rennen, schmerzhafte und durch Schmerz schädliche Empfindungen nicht vermeiden, und auf diese Art bald unser Leben verlieren. Doch läßt bei dem Menschen der Trieb der Selbsterhaltung manchen Schmerz zu, den der Trieb der Sinnlichkeit verbietet, wenn er zur Erhaltung des Lebens nöthig oder dienlich ist. — Da nun aber der Mensch diese Triebe hat, so erlaubt er sich im natürlichen Zustand alle Handlungen, die zur Befriedigung derselbigen abzwecken, und der Trieb der Sinnlichkeit läuft nun freilich oft mit der Vernunft davon, und gebährt Handlungen, die, wo nicht ganz unsittlich, doch wenigstens unklug sind, und mit dem Betragen eines weisen Mannes nicht harmoniren. Denn was wars anders, als überwiewiegender und ausschweifender Trieb der Sinnlichkeit, was unsere erste Eltern zur ersten Sünde verleitete? — Die aus dem Triebe der Selbsterhaltung fliessende Handlungen können öfters dem ersten Anschein nach äusserst grausam und ungerecht scheinen: wenn man sie aber recht erwägt, und alle Umstände dabei in Acht nimmt, so können sie noch sehr zu entschuldigen, und vielleicht rechtmäsig seyn. Man nehme zur Beurtheilung derselben das im Naturrecht vestgesezte moderamen inculpatæ tutelæ zu Hülfe, so werden nach demselben manche aus dem Trieb der Selbsterhaltung fliessende Handlungen als unschuldig erscheinen, die sonst grausam und ungerecht scheinen würden. Nach diesem darf ich nemlich, in der äussersten Lebensgefahr, wenn kein anderes Mittel mehr übrig ist, mein Leben zu retten, auch einen Unschuldigen ins Unglück bringen. Es sey z. E. der Fall, daß mir ein Feind nachjagt, von dem ich gewiß weiß, daß er mich tödtet, wenn er mich einholt, so darf ich nach dem Recht der Natur einen alten Mann oder ein Kind, oder

über-

überhaupt jeden, er sey wer er wolle, der z. B. auf einer Brücke sizt, über die ich zu springen habe, von der Brücke hinabwerfen, wenn es kein anderes Mittel gibt, über dieselbige zu kommen. Allein, daß hier die äußerste Einschränkung nöthig ist, ist natürlich; und doch weis ich nicht, ob es auch dann nach der strengsten Moral erlaubt ist. — Ueberdiß herrscht bei solchen Handlungen gewöhnlich nicht viel Besonnenheit, und ein solcher ergreift in der Angst das nächste beste Mittel sich zu retten, ohne erst bedenken zu können, ob es nicht noch gelindere gibt. Man sieht also hieraus, daß, wenn man Handlungen, die diesen Trieb zum Grund haben, nach ihrer Moralität beurtheilen soll, man dieselbigen nach allen Umständen genau zu untersuchen hat. Aus eben diesem Triebe folgt auch das Nothrecht. Ueberhaupt gründet sich das ganze Naturrecht darauf.

Noch ein Trieb, der aus der Selbstliebe fliest, und der auch in dem Triebe der Selbsterhaltung gewissermasen schon enthalten ist, ist der Trieb zur Erhaltung seines Geschlechts.

ſchlechts. Es ſcheint zwar nicht, daß aus der Selbſterhaltung auch die Erhaltung ſeines Geſchlechts folge, indem die Erhaltung und Verpflegung der Kinder ſo viel Unangenehmes mit ſich führt. Allein eben das beweißt, daß die Erhaltung ſeines Geſchlechts ein blinder determinirter Trieb iſt, den Menſchen und Thiere haben, und der ſich aus keinen Beweggründen erklären läßt, der ſie aber ihr Geſchlecht als einen Theil ihres eigenen Ichs anzuſehen lehrt. Denn woher ſollten die Thiere — wir können ſie etwa von der Vernunft hernehmen — Beweggründe nehmen, die Jungen, wann ſie zur Welt gebohren ſind, noch weiter zu verpflegen, und für ſie zu ſorgen? Scheint es nicht, es wäre der Natur angemeſſener, daß Thiere ihre Jungen, ſobald ſie ſie gebohren oder ausgebrütet haben, als eine Laſt, die ſie indeſſen beſchwerte, wegwürfen? Da nun aber dieſer Trieb ſo ſtark iſt, als der Trieb der Selbſterhaltung, ſo iſt natürlich, daß ein jeder für ſein Geſchlecht eben ſo ſorgt, wie für ſich ſelbſt; und daraus erhellet alſo, daß Handlungen,

lungen, welche dieser Trieb veranlaßt, eben so zu beurtheilen sind, wie diejenigen, die aus dem Triebe der Selbsterhaltung fliessen. Ich halte es deswegen für überflüßig, ihre Moralität hier noch besonders zu untersuchen.

Dieses sind nun die hauptsächlichsten Triebe, die der Mensch mit den unvernünftigen Thieren gemein hat. Nun haben zwar diese auch noch andere Triebe, die dem Menschen fehlen. Man nennt sie Kunsttriebe, und diese dienen den Thieren zur Ersezung desjenigen, was ihnen an Vernunft fehlt. Allein sie gehören nicht hieher, weil hier nur von der Moralität der menschlichen Triebe die Rede ist. Man kann sie bei Reimarus sowohl nach ihren Eigenschaften als nach ihren verschiedenen Abtheilungen lesen m). Sie zu beobachten, wenn man den Bienen, Ameisen, Vögeln ꝛc. zusieht, wie sie Zellen, Hölen, und Nester bauen, um sich vor Ungemach zu schüzen, und für ihre künftige Brut

---

m) s. Reimarus über die Triebe der Thiere S. 85 ff. und 140 ff.

zu sorgen, ist eine angenehme und lehrreiche Beschäftigung.

Die zwote Hauptgattung von Trieben sind nun die **höheren**, die der Mensch vor den unvernünftigen Thieren voraus hat. Der erste darunter ist der **Trieb der Nachahmung**. Man könnte nun zwar hier einwenden, daß dieser Trieb nicht dem Menschen allein zukomme, sondern ihn auch noch unvernünftige Thiere besizen: allein ich gebe es zu, und habe deswegen denselben auch gleich vorne hin gesezt, weil ich dadurch den Uebergang von den niedern zu den höhern Trieben machen will. So wie man nemlich bemerkt, daß es unvernünftige Thiere giebt, die den Uebergang zum Menschengeschlecht machen, ich meine die Affen: so bemerkt man in eben diesen Geschöpfen auch den Trieb der Nachahmung, der ihnen in einem vorzüglich hohen Grade zukommt; und eben dieser Trieb scheint also der Uebergang von den thierischen zu den blos menschlichen Instinkten zu seyn. Man bemerkt diesen Trieb in dem Menschen gleich in den ersten Jahren seines Daseyns: wir sehen

sehen in täglichen Beispielen, daß Kinder hauptsächlich diesen Trieb immer zu befriedigen, und alles nachzuahmen suchen, was sie andere thun sehen. Daß es aber bei diesen oft eben so ungeschickt herauskommt, wie bei den Affen, daran ist der geringe Grad von Vollkommenheit Schuld, worauf sie sich noch befinden. Aber auch bei schon erwachsenen Menschen verliert er sich nicht, sondern wird vielmehr immer mehr und mehr im Grosen sichtbar. Die Malerei und die bildenden Künste überhaupt beruhen hauptsächlich auf diesem Triebe. Ueberhaupt wären der Dinge wenig, die wir von Jugend auf bis ins hohe Alter lernen könnten, wenn wir diesen Trieb nicht hätten. Alle Künste und Handwerke beruhen auf demselben. — Schwingt sich aber dieser Trieb noch zu einem höhern Grad auf, zu einem Grade, wo er dem Menschen Ausschliessungsweise vor allen übrigen Thieren zukommt: so wird er Nacheiferung. Diese ist das Bestreben, andere, bei denen wir einen grösern Grad von Vollkommenheit bemerken, als wir besizen, zu erreichen, oder gar noch zu übertreffen. Dieser Trieb kann sich entweder durch Freude über die Entdekkung eines weitern Ziels zur Vollkommenheit, oder auch durch Betrübnis äussern, wenn man sieht, daß die Kräfte nicht zureichen, zu einem solchen Ziele zu gelangen. Die Handlungen, die aus diesem Trieb entstehen, können nach dem verschiedenen moralischen Charakter der Menschen und nach ihrer verschiedenen Richtung gut oder böse seyn. Eine edle rechtschaffene Seele verbindet mit diesem Triebe Wohlwollen gegen den, dem sie nachzueifern sucht; sie bewundert ihn, sie schäzt ihn hoch, sie sucht mit ihm bekannt zu werden, um in freundschaftlichem Umgange mit ihm nach und nach eben die Stufe von Vollkommenheit zu erreichen, auf welcher er steht. Ist es ein Mann, der ausser dem hohen Grade von Vollkommenheit auch noch einen liebenswürdigen Charakter besizt, der Liebe und Hochachtung einflöst: so wird eine edle Seele, die ihm nachzueifern trachtet, diese Liebe und Hochachtung gegen ihn noch stärker fühlen, sie wird sich in erhabenem Andenken an ihn

nur

nur mit dem Wunsche beschäfftigen, ihn zu erreichen, ohne ihn deswegen zu beneiden. Allein unedle niederträchtige Seelen verbinden mit diesem Triebe einen schändlichen Neid gegen den Gegenstand, den sie auf einer so hohen Stufe sehen; er ist ihnen in ihren Augen unerträglich, und es ist ihnen nicht genug, ihn blos zu erreichen, sie wollen sich noch auf einen höhern Grad von Vollkommenheit schwingen, um, wenn es ihnen gelingt, mit bitterlächelnder Schadenfreude und Hohn auf denjenigen, den sie zu übertreffen suchten, herabsehen zu können. Daraus sieht man, zu was für verschiedenen Handlungen dieser Trieb Anlaß geben kann, die also blos nach den verschiedenen Charakteren derjenigen, bei denen man ihn wirken sieht, zu beurtheilen sind.

Ein anderer dem Menschen Vorzugsweise eigener Trieb ist der Trieb der Liebe. Dieser ist das Bestreben andere zu lieben, und von andern wieder geliebt zu werden. Ich verstehe also hier nicht allgemeine Menschenliebe darunter — diese wird weiter unten angeführt

geführt werden, sondern vielmehr nur den Drang nach Liebe und Mittheilung, und nach Gegenliebe. Dieser Trieb der Liebe theilt sich vornemlich in zween Aeste, in Freundschaft, und Liebe zum andern Geschlecht. Es ist in gewisser Art physisches Bedürfnis für uns, daß wir uns einen oder etliche Menschen aufsuchen, die wir vorzüglich lieben, deren Umgang uns das meiste Vergnügen gewährt, und deren Liebe gegen uns auch in einem besonders hohen Grade besteht, wobei sie auch in unserm Umgang Vergnügen finden: und dieses heißt Freundschaft. Treffen wir nemlich unter der grosen Menge von Menschen, die wir täglich um uns sehen, einen solchen an, der mit uns sympathisirt, d. h. der einerlei moralischen Gemüths-Charakter und Neigungen mit uns hat — denn auf die Gleichheit des Standes, des Verhältnisses gegen die übrige Welt, der Fähigkeiten ꝛc. kommt es bei der Freundschaft nicht an: so werden wir unwiderstehlich getrieben, mit ihm in nähere Verbindung zu treten, und ihn uns zum Freunde zu wählen. Diesem

sem Triebe, diesen Regungen der Freundschaft, ist das Herz des Jünglings hauptsächlich offen. Daher wählt sich auch dieser jeden, der mit ihm sympathisirt. Eben deswegen ergibt er sich aber öfters auch unbedachtsamer Weise jedem, der vielleicht blos aus Verstellung ihm in einem liebenswürdigen Charakter erscheint. Und findt er auch nachher, daß dieser Charakter blos geheuchelt war, erscheint ihm der angenommene Freund nachher von der hassenswürdigsten Seite, als ein unedler, niederträchtiger, elender Mensch: so kann er sich doch nicht sogleich davon überzeugen — denn es thut weh, sich selbst gestehen zu müssen, daß man sich betrogen hat, — bis ihm die Vernunft, oder wenn diese nicht wirkt, eine wiewol traurige Erfahrung, die Decke von den Augen reißt. Uebrigens entstehen aus dieser Art des Triebes der Liebe doch meistens gute Handlungen. Der Mensch, der die Regungen der Freundschaft empfindet, ist immer oder meistens zu freundlichen und liebreichen Begegnungen gegen seinen Freund aufgelegt, er sucht, wenn er ihn betrachtet, nur seine Vollkommenheiten an ihm auf, und bestrebt sich auf der andern Seite so viel als möglich andern in dem vortheilhaftesten Lichte zu erscheinen. Freilich ist von einem solchen der Heuchler wohl zu unterscheiden, der sich blos das Ansehen eines freundschaftlichen, Liebe versprechenden Herzens gibt, um andere damit an sich zu locken, und zu betrügen. Der Jüngling aber, dessen Herz zu diesem Triebe so sehr geneigt ist, hat sich in der Wahl seiner Freunde äusserst in Acht zu nehmen, und so behutsam als möglich zu gehen. — Der andere Zweig des Triebes der Liebe ist die **Liebe zum andern Geschlecht.** Diese ist eine auf keinen Gründen beruhende Neigung zum Umgang mit Personen des andern Geschlechts, die mehr als Freundschaft ist, und sich mehr auf Empfindungen als Vorstellungen und auf gewisse, meistens äusserliche, Verschiedenheiten beider Geschlechter gründet. In so fern sie Geschlechtstrieb ist, gehört sie zu den niedern Trieben, die wir mit den unvernünftigen Thieren gemein haben; sie erhält aber beim Menschen eine höhere Würde und edlere Bestimmung,

mung, und verdient in dieser Rüksicht unter den höhern Trieben mitgezählt zu werden. Denn die sogenannte platonische Liebe, die aller sonstigen Beimischung von Sinnlichkeit ungeachtet, doch unläugbar ist, und nicht, wenigstens gerade in ihrem höchsten Grade nicht, auf Befriedigung des Geschlechtstriebes im engern Verstande Rüksicht nimmt, ist eine Eigenschaft des Menschen allein. — Die Handlungen nun, welche diese Liebe zum andern Geschlecht veranlaßt, sind sehr verschieden zu beurtheilen. So lange sie in ihren ursprünglichen Schranken bleibt, sind auch ihre Wirkungen nicht zu tadeln, vielmehr öfters von einer solchen Beschaffenheit, daß sie die Quelle einer ganzen Reihe edler Thaten und der Damm gegen viele Laster werden. Wenigstens hat man die Erfahrungen, daß schon mancher Wüstling durch die Liebe zu einem vernünftigen Frauenzimmer von Ausschweifungen des Geschlechtstriebes, des Trunkes ꝛc. geheilt worden ist. Der berühmte Canz ist davon ein merkwürdiges Beispiel. Als er sich einst in die Tochter des berühmten

ten Professor Röslers verliebte, gab ihm diese, als ein vernünftiges Frauenzimmer, zu verstehen, daß Canz bei seiner damaligen Trägheit und seinem Unfleiß ihr unmöglich gefallen könne. Diß trieb ihn an, seine Kräfte anzustrengen, und dadurch und durch unermüdeten Fleiß ward er in kurzer Zeit einer der ersten Gelehrten auf der Universität, und trug Hand und Herz seiner Geliebten zur Belohnung davon. — Doch sind die Fälle eben auch nicht selten, wo Ausschweifungen in der Liebe, wenn es auch nicht Ausschweifungen des Geschlechtstriebes sind, — viele unedle Handlungen hervorbringen, besonders wenn sie durch Lesung schädlicher Romane zu wildem und ungestümmem Feuer angefacht wurde. Taubheit gegen die Stimme der Vernunft, Ungehorsam und Troz gegen Aeltern und vernünftige Geseze und Verachtung derselben, zügelloses Hinwegsezen über Ordnung und Ehrbarkeit, und all das öfters unendliche Unglük, das daraus entspringt, sind nicht seltene Folgen davon. Ich habe sogar Beispiele gesehen, daß Menschen, um die Gegenliebe

ihres

ihres geliebten Gegenstandes zu erlangen, in die Fehler der Schmeichelei, der Falschheit, Doppelzüngigkeit ꝛc. verfielen, die sonst von all diesen sehr weit entfernt waren. — Unrechtmäsig und schändlich sind nun freilich diese Handlungen alle, objektivisch genommen: aber wie sie, subjektiv betrachtet, nach ihrer Moralität zu beurtheilen sind, möchte wol nicht so leicht zu entscheiden seyn. Denn die Liebe zum andern Geschlecht ist eigentlich mehr Affekt als Instinkt, und daher ist die Hize des Affekts, die ihren mächtigen Einfluß in dergleichen Handlungen hat, immer auch mit in Betrachtung zu ziehen.

Ein dritter Trieb ist der **Instinkt der Neubegierde**, oder die Begierde, immer neue Vorstellungen zu erhalten. Davon ist schon weitläufig in der dritten unter diesen Abhandlungen die Rede gewesen, woraus auch erhellt, was für Handlungen aus diesem Triebe fliessen. Es ist also hier nur noch ihre Moralität zu beurtheilen. Der Trieb der Neubegierde erweckt unser Forschen nach neuen Entdeckungen, und ohne denselben würden

wir

wir immer auf Einer Stufe der Kultur stehen bleiben und nie weiter rücken. Die Handlungen, die er veranlaßt, sind also in so fern immer nüzliche und löbliche Handlungen, als sie unsere weitere Vollkommenheit und das Streben darnach befördern und erhalten. Nur dann, wann dieser Trieb dahin ausartet, daß durch unsere Neubegierde die Zufriedenheit und Ruhe eines andern gestört wird, wirkt er unrechtmäsige und tadelhafte Handlungen.

Der vierte unter den angeführten höhern Trieben ist der Trieb der Dankbarkeit. Es liegt in der Natur, selbst des unkultivirten Menschen, diejenigen, die ihm wohlthun, zu lieben, und diese Liebe entweder mit Worten oder mit der That ihnen selbst zu beweisen: und diß heißt Dankbarkeit. Daß bei diesem Triebe immer auch etwas von Selbstliebe vorwaltet, ist nicht zu läugnen. Doch ist das gewis, daß diese Selbstliebe keine unedlen Absichten hat. Dieser Trieb der Dankbarkeit ist allen Menschen angebohren: doch gibt es auch Leute, zur Schande der Menschheit, in denen dieser Trieb so erstorben zu seyn

seyn scheint, daß sie gegen ihre Wohlthäter, die keine andere Absicht bei ihren Wohlthaten hatten, als ihnen zu helfen, die Dankbarkeit nicht nur ganz vergessen, sondern sie sogar noch beleidigen, ihnen ihre Wohlthaten als Mittel, schändliche Absichten zu erreichen, aufrechnen, und sie so vor der Welt ausschreien. So sind meistens diejenigen beschaffen, die, da sie vorher im tiefsten Elend stekten, durch die Wohlthätigkeit anderer wieder empor gekommen sind, und sich nun schämen, es zu gestehen. Diese wissen sich auf keine andere, als die vorhin beschriebene Art zu rächen. Aber wehe dem, der eine solche schwarze Seele besizt! Daß die Handlungen eines solchen äusserst verabscheuungswürdig sind, daß sich die menschliche Natur gegen sie empört, bedarf wol keines Beweises. — Aber wie schön, wie rechtschaffen sind im Gegentheil die Handlungen des wirklich Dankbaren. Sie fliessen aus der reinsten Quelle, edle, uneigennüzige Absichten sind ihr Stoff; der Wohlthäter, der denjenigen, dem er Gutes that, dankbar sieht, wird zu fernerer Erweisung der Wohl-

thaten

thaten geneigt: und welche gemeinnützige Folgen verbreitet also dieser Trieb auf das ganze Menschengeschlecht!

Nun folgt der Trieb zu immer weiterer Vervollkommnung oder zu immer weiterer Glükseligkeit. Es ist ein Grundsaz der allgemeinen praktischen Philosophie, daß der Mensch nichts begehrt, als was ihm gut, und nichts verabscheuet, als was ihm böse vorkommt. Dieser Grundsaz gründet sich offenbar auf den Trieb zu immer weiterer Glükseligkeit, und läßt sich auch unmittelbar aus demselbigen herleiten. Denn, wenn der Mensch diesen Trieb nicht hätte, so würde er, ohne zu untersuchen, was gut oder bös ist, alles, was ihm aufstöst, blindlings begehren, oder vielleicht gegen alles dasjenige gleichgültig seyn, was er nicht unmittelbar zu seiner Erhaltung nöthig hat, und also immer in dem nemlichen Zustande bleiben, worinn er von Anfang war. Auf diese Art aber, da er mit diesem Triebe versehen ist, wird er alle Mittel aufsuchen, um sich auf einen immer höhern Grad von Vollkommenheit zu erheben,

heben: er wird deswegen sorgfältig alles, was dazu dienlich seyn kann, und also, was ihm gut scheint, ergreiffen, dasjenige aber, was ihm böse, was ihn an seiner Glükseligkeit zu hindern scheint, von sich stosen. Dieser Trieb aber scheint manchmal dadurch einigermasen widerlegt oder entkräftet zu werden, daß es öfters Fälle gibt, wo der Mensch mit allem möglichen Bestreben etwas begehrt, das offenbar bös, und ihm schädlich ist. Allein dieser Fall stoßt den Grundsaz, der aus diesem Triebe folgt, nicht um. Derjenige, der etwas ihm Schädliches begehrt, begehrt das, wornach er ein Verlangen trägt, nicht als etwas wirklich Schädliches, sondern als etwas Gutes, das er als ein wirkliches Gut betrachtet, und von dem er nicht weiß, daß es ihm schädlich ist. Und diß folgt auch schon daraus, daß dieses Bestreben Instinkt ist, wobei der Mensch nicht so mit Ueberlegung und aus Beweggründen handelt, sondern das nächste Gute, das ihm aufstoßt, es sey nun ein wahres oder nur ein Scheingut ergreift. Wie aber, wenn der Mensch ein Scheingut einem wahren Gut vorzieht,

R wenn

wenn er auch weiß, daß jenes nur ein Scheingut ist? Ich antworte: ein solcher, der zwar erkennt, daß das Gute, das er wählt, nur ein Scheingut ist, der von andern gehört, oder durch Beispiele gelernt hat, daß ein solches Gut im Grunde schädlich ist, wählt dieses aus der Ursache doch, weil es mehr Reize für ihn hat, und weil er die Folgen davon nicht für so schädlich hält, also weil es ihm doch ein gröseres Gut zu seyn scheint, als jenes, das ihn Lehren und Beispiele als ein gröseres kennen gelehrt haben. Z. B. Es weiß ein jeder, theils aus den Lehren anderer, theils aus Beispielen, daß ein Leben voll Laster und Ausschweifungen an sich selbst und durch seine Folgen höchst schädlich ist: dessen ungeachtet gibt es viele, die ein solches Leben einem andern ordentlichern weit vorziehen, von dem sie doch wissen, daß es einst mit Glük und Ehre belohnt wird. Warum das? darum, weil sie das gegenwärtige vermeinte Gute mehr reizt, weil in ihren Augen ein solches Leben mehr Vergnügen verschafft, als ein rechtschaffenes, und weil sie an die üblen Folgen

gen eines solchen Wandels nicht denken. Es ist also offenbar, daß auch hier wieder der Grundsaz gilt: der Mensch begehrt nichts Böses, und verabscheut nichts Gutes. Wie steht es nun aber mit der Moralität solcher Handlungen, die diesen Trieb zum Grund haben? Daß Handlungen, welche zur Erlangung solcher Mittel abzwecken, die die Vollkommenheit des Menschen wirklich befördern, mit Recht gute Handlungen genannt zu werden verdienen, ist ausser allem Zweifel: bei solchen Handlungen hingegen, wo der Mensch etwas begehrt, das blos ein Scheingut, und an sich bös ist, hat man darauf hauptsächlich zu sehen, ob der Mensch, der nach diesem Scheingut strebt, wirklich weiß, daß es ein blos eingebildetes, kein wahres Gut ist, oder ob er es in der Unwissenheit begehrt. Im leztern Falle sind alle Handlungen, die der Mensch thut, um diesen Trieb zu befriedigen, zu entschuldigen, wenn ihn gleich nachher die Erfahrung lehrt, daß er sich durch diese Handlungen an seiner Glückseligkeit vielmehr geschadet, als sie befördert habe. Im erstern Fall

Fall aber ist der Mensch weniger zu entschuldigen. Denn weiß er, daß die Handlungen, die er vornimmt, um zu seinem Zweck zu gelangen, demselben offenbar zuwider lauffen, und er nimmt sie doch vor, so handelt er dadurch wider die Pflichten gegen sich selbst; da aber der Trieb nach Glükseligkeit die offenbare, wissentliche Verlezung dieser Pflichten nur selten zuläßt, so stekt der Fehler bei solchen Handlungen hauptsächlich darinn, daß sich der Mensch durch jeden Schein des Guten blenden und dahinreissen läßt, da er doch vorher untersuchen sollte, ob das Gute, das er begehrt, auch ein wahres Gut sey oder nicht, oder wenn er schon weiß, daß es keines ist, den Bekräftigungen anderer und der Erfahrung mehr glauben, und sich also vor Leichtsinn mehr hüten sollt', als er in diesem Falle thut. — Dieser Trieb zu höherer Glükseligkeit kann aber auch zuweilen eine Quelle des Selbstmordes werden. Der Mensch, der durch viele Widerwärtigkeiten und Verdrüslichkeiten einen Eckel an dem gegenwärtigen Leben bekommen hat, der in demselben keine

Glük-

aus natürlichen Trieben.

Glükseligkeit mehr zu finden glaubt, sehnt sich nach einem bessern: da er aber sieht, daß er dieses auf die natürliche Art nicht gleich erreichen kann, so faßt er den Entschluß, durch eigene Mittel, die er in seiner Hand hat, seinen Endzweck zu erreichen, und nimmt sich auf diese Art das Leben. — Selbst der Drang allein nach der Glükseligkeit des Himmels war schon, ohne von Widerwärtigkeiten des Lebens erregt zu werden, Veranlassung zum Selbstmord n); und in Engelland soll er einst einige Zeit so Mode gewesen seyn, daß man von einem Lord erzählt, er habe sich blos aus langer Weile aufgehängt.

Diesem Triebe zur Vervollkommnung und Glükseligkeit wird von vielen ein anderer untergeordnet, der aber mit Recht ein eigener genannt zu werden verdient. Es ist dieser die Freude über andrer Menschen Glük; Mitgefühl, allgemeine Menschenliebe. Es

glau-

---

n) Ein merkwürdiges Beispiel davon sehe man im Magazin zur Erfahrungs-Seelenkunde. 1. Bs. 3. St. S. 28. ff.

glauben nemlich viele, daß zwar jeder Mensch eine gewisse Neigung zu seinem Nebenmenschen besitze, die seinen eigenen Nuzen nicht unmittelbar zum Endzweck habe: doch meynen sie, daß sich diese Neigung nichts desto weniger auf den Trieb zu seiner eigenen Vollkommenheit zurückführen lasse, und wollen dieselbe aus dem Vergnügen, das aus wohlthätigen Handlungen entsteht, herleiten. Allein diß heißt, glaube ich, der menschlichen Natur weniger Edles zutrauen, als sie wirklich besizt. Es ist unläugbar, daß der Schöpfer diesen wohlthätigen Trieb besonders in unsere Natur gelegt hat, den wir zu befriedigen suchen, ohne daß gerade unser Nuzen dadurch befördert würde. Hutcheson urtheilt über diesen Trieb auf folgende Art.

„Gratuitam esse aliquando hominum
„bonitatem, nullam suam utilitatem
„spectantium, ubi animo benigno et
„amico alteri consulunt, satis consta-
„bit, si quisque se excusserit, si vitæ
„suæ consilia et caritates, studia de-
„nique et dilectiones, quibus bonos
„cla-

„clarosque profequimur: fi morien-
„tium curas et ftudia, officiorumque
„in extremo fpiritu confervationes per-
„fpexerit: præcipue vero clarorum vi-
„rorum facta, et confilia, et mortes
„pro amicis, pro liberis, pro patria,
„præmeditatas et voluntarias" o).

An einem andern Ort sezt er auch noch hinzu:
„Innatum effe homini hunc fenfum te-
„ftimonio omnium gentium et feculo-
„rum plurima fuis fuffragiis compro-
„bantium et damnantium, fuæ utili-
„tatis ratione omni detracta, fatis
„confirmatur" p).

Es ist offenbar, und wird durch die täg‑
liche Erfahrung bestätigt, daß dieser Trieb
ein ganz eigener, besonderer Trieb ist, der
sich einmal durch den Trieb zur Vollkommen‑
heit nicht erklären läßt. Das edle Mitge‑
fühl, das wir bei den Freuden und Leiden an‑

---

o) S. Philof. moral. inftit. compend. L. I.
C. 1. §. 7.

p) S. am angeführten Ort §. 18.

derer empfinden, wo von unserm eigenen Nutzen so gar nichts mit unterlauft, die allgemeine Menschenliebe, die jeder Mensch von Natur gegen den andern hat, beweisen dieses noch mehr. Mitgefühl oder Sympathie ist in eines jeden Menschen Herz so tief eingegraben, daß man auch die rohesten und wildesten Völker nicht davon lossprechen kann. Mitgefühl, das entweder bei der Glükseligkeit anderer oder bei ihren Leiden entsteht, und im leztern Fall Mitleiden heißt, wird auch durch die täglichen Beispiele, die wir vor uns sehen, genug bekräftigt, und hat so viel Gewalt über uns, daß wir in den Fällen, wo es gewöhnlich zu entstehen pflegt, uns desselben nicht enthalten können.

Hüpft uns z. B. nicht das Herz vor Freude, wann wir einen Freund, in voller Freude über den glüklichen Erfolg eines Unternehmens, auf uns zu kommen sehen, und uns seine glükliche Begebenheit mit einer Sprache, die kaum Worte finden kann, erzählen hören? Scheint uns nicht selbst eine Zentnerschwere Last zu drücken, wann wir einen

alten

alten ehrwürdigen Greis mit silberweissen Haaren unter einer solchen Last gebückt einherschleichen sehen? Wird uns nicht selbst angst und bang, wann wir einen Redner in seiner Rede immer stottern und stammeln hören, wann wir mit anhören, mit welcher Bangigkeit des Herzens er seine Worte hervorbringt; und wie leicht wird es uns hingegen ums Herz, wann wir einen andern in vollem ununterbrochenem Lauf seine Rede vor den Ohren einer ganzen versammleten Menge ablegen hören? daher es unter anderm leicht zu begreiffen ist, warum das Landvolk eines der nothwendigsten Erfordernisse eines guten Predigers darein sezt: **daß es ihm fertig vom Munde weggeht.** — Wie verbreitet sich nicht Furcht und Schrecken über unsere Gesichter, wann wir auf der Schaubühne einen Garrik als Hamlet vor dem Geiste auftreten sehen, und sich mit demselben in den Furcht erwekkendsten Ausdrücken und Minen unterreden hören! Aber was ist alles das anders als Mitgefühl, als Sympathie? Und stehen wir an dem Krankenbette eines geliebten Freundes,

des, sehen wir mit welchen Schmerzen und Leiden er zu kämpfen hat, wie ihm die blasse Todesfarbe schon das Gesicht überzieht, sehen wir, wie er endlich nach und nach zu einem Gerippe abzehrt, das nothwendig in kurzer Zeit eine unfehlbare Beute des Todes werden muß, erinnern wir uns dabei an sein voriges besseres Schiksal, denken wir darüber nach, daß er das gegenwärtige so gar nicht verdient hat, hat er überdiß schon vorher unsere ganze Liebe: o! wie fühlt da unsere Seele beinahe die Schmerzen selbst, die ihn foltern, wie wird sie von Empfindungen durchdrungen, die ihr Innerstes durchwühlen, wie wird sie von Mitleiden über den erbarmungswürdigsten Zustand des Freundes hingerissen! Alle freudige angenehme Empfindungen weichen in diesem Falle von uns, und düstere Melancholie tritt an ihre Stelle, eben so als wenn das Leiden unsers Freunds unser eigenes wäre, das wir gegenwärtig fühlten. Diß sind die edle wohlthätige Regungen des Mitleidens, und zu welchen rechtschaffenen und guten Handlungen stimmt es uns nicht! Der Freund,

den

aus natürlichen Trieben.

den wir in diesem Zustande vor uns sehen, dürfte von uns begehren, was er wollte, mit Freuden würden wir es ihm geben oder thun, selbst einen Theil unsers eigenen Lebens würden wir gerne für ihn hingeben, wenn wir ihn dadurch retten könnten. Hieraus sieht man leicht, daß solche Handlungen, die aus diesem Gefühl entstehen, keine weitere Beurtheilung nöthig haben, sondern schon an sich selbst als rechtschaffene, gute, löbliche Handlungen erkannt werden, es sey denn, daß unser Mitleiden durch allzugrose Schwachheit erweckt oder geleitet wird, welche dasselbe ohne Unterschied der Tugend wie dem Laster, dem wahren wie dem verstellten Unglücke gewährt, woraus dann besonders bei Regenten leicht der grose Fehler entstehen kann, daß unzeitiges Mitleiden Beförderungsmittel der grösten Laster wird. Eben so ist es auch bei dem Mitgefühl der Freude. Ich will das vorige Beispiel beibehalten. Wann dieser Freund, den wir wegen seiner elenden Umstände so sehr bedauerten, den wir schon im Reich der Verwesung gleichsam sahen, plözlich wieder Besserung ferung und Linderung seiner Schmerzen verspürt, wann seine Kräfte wieder gestärkt werden, und Freude und neuer Muth ihn aufs neue belebt: welches Mitgefühl von Freude durchdringt dann auch unsere ganze Seele! Wir frohloken mit ihm über die Wiederherstellung seiner Gesundheit, wir danken mit ihm, so feurig und freudig als er selbst, dem gütigen Gott, eben als wenn wir selbst in dem nämlichen Falle gewesen wären, wir lieben ihn aufs neue mit verstärktem Eifer, durch seine wieder erlangte Gesundheit wird die Freundschaft zwischen uns und ihm immer unzertrennlicher. — Aber es gibt auch Menschen, schändliche verabscheuungswürdige Menschen, bei denen dieses Gefühl der Sympathie gänzlich erstikt zu seyn scheint, die bei den Leiden anderer fühllos bleiben können, wo die Edlern vor Schmerz beinahe vergehen, und die das Glük ihrer Brüder, wenn andere sich darüber freuen, mit neidischen, misgünstigen Augen ansehen. Und beim Anblik einer solchen Gattung von Menschen zeigt sich bei uns ein neuer, dem bisherigen entgegen gesezter Trieb. Wir

Wir fühlen gegen solche einen unwiderstehlichen Haß, sie sind uns ein Dorn in den Augen, schon ihr Anblik beleidigt uns, erregt widrige Gefühle in uns, und wir fliehen sie, wo wir können. Diß ist die sogenannte Antipathie, die wol noch unerklärlicher ist als Sympathie: denn sie erstreckt sich nicht blos auf die Abneigung des Tugendhaften gegen den Lasterhaften, sondern in den meisten Fällen wissen wir davon gar keine Ursache anzugeben. Auch ist sie noch nie durch psychologische Grundsäze befriedigend erklärt worden. Im Magazin zur Erfahrungs-Seelenkunde 5. B. 1. St. wird zwar hauptsächlich der Gesichtsausdruk des Satyrikers, des Hochmüthigen, der Einfalt und Dummheit und der Häßlichkeit als der Grund dieser sonderbaren Erscheinung angegeben, und gut durch psychologische Beobachtungen bewiesen: allein diß alles paßt doch nur für einzelne Subjekte, im Allgemeinen widerspricht die Erfahrung; denn der Satyriker empfindet gegen den Satyriker, und der Einfältige und Dumme gegen den Einfältigen und Dummen keine Antipathie,

tipathie, worinn liegt also bei diesen der Grund ihrer unwillkührlichen Abneigung gegen andere? Ich will es auch wirklich hier nicht erklären, denn es gehört nicht zu meinem gegenwärtigen Zweck; ich führe nur die Erscheinung an, und könnte sie mit einem besonders auffallenden Beispiel belegen, wenn ich nicht fürchten müßte, gewisse Personen, die unumgänglich dadurch kenntlich gemacht würden, damit zu beleidigen. — Die Handlungen übrigens, die aus einer solchen Antipathie folgen, sind selten gute Handlungen.

Zwar zeugt die Abneigung des Tugendhaften gegen den Lasterhaften von einem löblichen Abscheu vor Lastern; allein wer ist immer so Meister über sich selbst, daß er stets nur das Laster am Lasterhaften, nie die Person selbst mit haßt? Und dann ist es, wie der Verf. des genannten Aufsazes im γνωθι σαυτον sehr richtig bemerkt, nur allzu gewöhnlich, daß wir öfters durch eine innere Verstimmung der Seele, — ich habe dieses an mir und andern besonders nach dem Mittagessen schon bemerkt, und daraus den, wie

mir

mir dünkt, richtigen Schluß gemacht, daß Antipathie öfters ganz im Körper, hier in den Verdauungs-Werkzeugen, ihren Grund habe, — an andern nur ihre schlimmere oder schwächere Seite sehen, ihre geringen Fehler zu Bergen aufthürmen, und öfters auch gegen unsere Freunde einen geheimen Widerwillen fassen. Daraus entsteht dann öfters Verdammen und Splitterrichten eines Unschuldigen, und eine der Sittenlehre und Religion sehr zuwider lauffende Lieblosigkeit.

Die allgemeine Menschenliebe ist ein anderer Zweig des Instinktes des Mitgefühls. Die Frage ist schon alt: ob Menschen von Natur einander hassen oder lieben? Ich glaube das leztere behaupten zu können, da es der Natur des Menschen und der Absicht des Schöpfers weit gemäser ist, als jenes, und da Gesellschaft für den Menschen ein so nothwendiges Bedürfniß ist. Die Menschen würden ohne Gesellschaft und wechselseitige Hülfe nur zu einem geringen Grade von Vollkommenheit gelangen können, sie würden sich oft die nöthigsten Bedürfnisse des Lebens nicht

ohne

ohne die größte Mühe anschaffen können, mithin ist es schon daraus wahrscheinlich, daß zween oder mehrere Menschen, die, wenn sie einander gar nicht kannten, und von keinen Vorurtheilen wider einander eingenommen waren, von ungefähr zusammen kommen, eher Liebe als Haß gegen einander fühlen werden. Man denke sich einen Robinson auf einer unbewohnten Insel, verlassen von aller menschlichen Gesellschaft, wird der wol einen Freitag hassen, in welchem er zum erstenmal wieder ein menschliches Geschöpf erblickt? Ferner kann auch die Absicht des Schöpfers, indem er mehr als einen Menschen schuf, und dadurch für die Fortpflanzung des menschlichen Geschlechts sorgte, damit nicht bestehen, daß er dem Menschen einen natürlichen Haß gegen andere Geschöpfe seines gleichen eingepflanzt hätte, weil dadurch das Menschengeschlecht sich wol nicht so würde erhalten haben, da keiner mit dem andern eben aus natürlichem Haß eine Verbindung würde eingegangen haben. Ueberhaupt sind die mannigfaltigen Aeusserungen und Beispiele der Men-

schens

schenliebe viel zu erhaben und reizend, als
daß man darauf verfallen könnte, Haß sey
das erste, was Menschen beim ersten Anblik
gegen einander fühlen. Diese allgemeine
Menschenliebe nun erwekt zuweilen Handlungen, welche die Aufopferung seines eigenen
Lebens, um andere zu retten, zu Folgen haben, und öfters gegen das Gesez der Selbstliebe zu streiten scheinen. Und in Ansehung
dieser kommen bei der Beurtheilung ihrer Moralität verschiedene Fälle und Umstände vor.
Ich will hier einige namhaft machen und
ihre Moralität beurtheilen. Ich sehe z. B.
einen Menschen im Wasser untersinken, der
noch Hülfe sucht, aus Menschenliebe begebe
ich mich in die Gefahr, springe ins Wasser,
und eile diesen Menschen zu retten. Im Anfang fühle ich mich stark genug, den Wellen
des Stroms zu widerstehen, aber plözlich,
indem ich meine hülfreiche Hand ausstrecken
will, falle ich mit dem Unglüklichen in eine
Vertiefung, die der Strom ausgespült hat,
und komme auf diese Art mit ihm ums Leben.
In diesem Fall ist es natürlich, daß eine solche

Handlung, durch die ich mich in eine Gefahr begebe, die ich im Anfang nicht voraussah, nicht nur äusserst zu entschuldigen ist, sondern noch mit Recht gut und löblich genannt zu werden verdient. Wer denkt hier nicht an den edlen Retters-Tod Leopolds? Es sey aber der Fall, daß ich einen meiner Nebenmenschen in der äussersten Lebensgefahr sehe, und zum voraus mit Wahrscheinlichkeit schliessen kann, daß es gewagt ist, mich auch in diese Gefahr zu begeben, um jenen zu retten, und ich leicht darinnen umkommen kann, ich begebe mich aber doch darein, und komme dabei auch wirklich um's Leben, rette aber dadurch meinen Nebenmenschen: so handle ich zwar dadurch wider die Pflichten gegen mich selbst, welche nach der Natur-Moral den Pflichten gegen andere immer vorgehen; allein nach dem Zeugniß aller Rechtschaffenen und gut Denkenden wird diese Handlung doch nicht als eine böse beurtheilt, sondern immer noch eine edle und grosmüthige Handlung genannt werden können. Kommt aber der Unglükliche mit mir zugleich in dieser Gefahr um, so kommt

kommt es darauf an, ob ich dieses voraussehen konnte oder nicht. Ist das erstere, so ist
die Handlung schon weniger zu entschuldigen,
weil weder äussere - noch innere Pflicht vorhanden ist, mein Leben herzugeben, wenn
das Leben eines andern nicht dadurch gerettet
wird. Ist aber das leztere, so ist es eben der
Fall, wie der, wenn ich den Unglüklichen
rette. — Am wenigsten sind diejenigen Handlungen zu entschuldigen, wenn sich einer unbedachtsamer und muthwilliger Weise in eine
Gefahr begibt, wo er voraussieht, daß weder er, noch der andere gerettet werden kann,
wenn er nemlich blos die Absicht dabei hat,
den Nachruhm eines edlen grosmüthigen Mannes dadurch zu verdienen.

Nun ist noch einer der hauptsächlichsten
Triebe des Menschen übrig, der sonst auch
Ausschliessungsweise vor andern instinctus
humanus genannt wird. Dieser besteht theils
in dem sogenannten moralischen Gefühle,
das in der theologischen Sprache Gewissen
heißt, theils in dem Gefühle von Ehre.
Hier gibt es nun auch wieder Philosophen,

wenige

wenigstens solche, die es seyn wollen, welche das moralische Gefühl nicht für einen eingepflanzten und angebohrnen Trieb gelten lassen: allein, diese Meinung wird schon durch die Erfahrung widerlegt, weil man bei jedem, auch dem unkultivirtesten Menschen, ein gewisses natürliches Gefühl von Gutem und Bösem bemerkt. — Ich gebe zwar zu, daß Erziehung ihren grosen Antheil an diesem Gefühle hat, aber offenbar nur in so fern sie es schärfen oder abstumpfen kann, erst gegeben oder gänzlich getödtet kann es von ihr nicht werden. Es ist schon ohne sie da, und erhält sich auch ohne sie, erhält sich selbst gegen eine geflissentliche Erziehung zum Gegentheil. Man sieht dieses an solchen, deren Erziehung entweder noch nicht vollendet ist, oder die gar keiner kultivirten Erziehung geniessen, an Kindern und Wilden. Schon kleine Kinder wissen einen Unterschied zu machen, zwischen dem was recht und unrecht ist. — Wilde, ungesittete, unkultivirte Völker wissen von Natur, ohne einigen vorhergegangenen Unterricht, daß gewisse Handlungen,

gen, z. B. einen andern Menschen ohne vorhergegangene Beleidigung zu tödten, oder unglüklich zu machen, schändliche unrechtmäsige Handlungen sind. — Und man wende mir hier nicht ein, daß die Kannibalen, Karaiben und andere, so viele unschuldige Menschen, die ihnen in ihrem Leben nichts Böses gethan haben, schlachten und auffressen, blos weil sie Weisse sind. Gethan oder nicht gethan, ist hier einerlei, sie glauben wenigstens von ihnen beleidigt zu seyn, und wer will es den unglüklichen Schwarzen verargen, daß sie, gereizt durch die unmenschliche Grausamkeit der weissen Europäer, nun die weisse Farbe der Haut zum Kennzeichen ihrer Feinde gemacht haben, und deswegen einen jeden Weissen als ihren Feind behandeln, und seinen Grausamkeiten zuvorkommen wollen? Ohne eine solche von uns selbst in ihnen erregte Meinung, würden wir von ihren Grausamkeiten nie etwas gehört haben, die gegen das moralische Gefühl zu streiten scheinen. — Unter uns kultivirten Menschen fühlt jeder in seinem Herzen, auch ohne daß es ihm jemand sagt, daß niederträchtige grausame Behandlung eines andern unedle, verabscheuungswürdige Thaten sind, es ist eine unvorsezliche Regung seines Herzens, ein unwillkührliches Gefühl, daß er es für eine schlechte und schändliche Handlung halten muß, wenn andere einen dritten auf diese Art behandeln. Es gibt unter tausend Menschen nicht Einen, der Handlungen, die den Gesezen der Natur nach unrechtmäsig sind, für rechtmäsig und löblich hielte. Das ganze Menschengeschlecht fällt einerlei Urtheile über solche Handlungen, und keiner von allen kann sich von dem Gegentheil überzeugen. Beweises genug, daß dieses Gefühl ein wirklich ursprünglich eingepflanzter und angebohrner Trieb des Menschen ist. — Die Handlungen aber, welche dieses Gefühl veranlaßt, können, wenn wir es gehörig in uns wirken lassen, nicht anders als gut und rechtschaffen seyn. Wenn wir durch dieses Gefühl bewogen, alle gute Thaten in ihrer ganzen Güte, und alle böse und widerrechtliche in ihrer ganzen Schändlichkeit uns vorstellen, und diß wird geschehen, wenn wir das Gefühl nicht unterdrücken, so werden wir durch die Abscheulichkeit böser, und durch die liebenswürdige Rechtschaffenheit guter Handlungen, die wir uns auf diese Art in ihrer ganzen Gröse vorstellen, so stark von jenen abgeschreckt und zu diesen gereizt werden, daß wir gewiß nie die erstern den leztern vorziehen werden. Daraus sieht man also, daß dieses Gefühl, wenn man es gehörig wirken läßt, immer nur gute rechtschaffene Handlungen in uns erweckt.

Der starke, und in sowol wichtigen, als mannigfaltigen Wirkungen sich äussernde Trieb der Ehrbegierde ist ebenfalls ein solcher Trieb, der Ausschliessungsweise humanus genannt zu werden verdient. Mancher thut auf alle Bequemlichkeiten des Lebens Verzicht, und wagt oft Leib und Leben daran, um diesen Trieb zu befriedigen. Auch ist er so allgemein ausgebreitet, daß man nicht leicht jemand finden wird, der gleichgültig gegen das, was man von seinen Fähigkeiten, von seinem moralischen Charakter und seinen übrigen Eigenschaften spricht, gleichgültig gegen Lob und

Tadel seyn könnte. Jedem Menschen ist daran gelegen, daß andere mehr Gutes als Böses von ihm sprechen. — Niemand kann gleichgültig dabei bleiben, wenn er höret oder weiß, daß man Böses von ihm spricht, oder gesprochen hat, sein Blut kommt dabei in eine kochende Wallung, seine Muskeln und Adern schwellen auf, sein Gesicht wird abwechselnd bald blaß bald roth, und Zorn, grimmiger, wütender Zorn bemächtigt sich seiner Seele. Kränkung der Ehre erwekt härtere und unversöhnlichere Feindschaften, als jede andere Kränkung am Leben, Leibe, oder sonst einem Gut. Schon oft hat sich der Fall ereignet, daß gekränkte Ehre nicht anderst befriedigt werden konnte, als durch den Tod des Beleidigers, und zuweilen auch des Beleidigten. Kein Trieb fordert, wenn er verlezt wird, so sehr zur Rache auf, und keine Rache ist schrecklicher als die der gekränkten Ehre. Wenn man aber diesem Triebe seine gehörige Richtung gibt, so ist er einer der edelsten Triebe des Menschen. Allein es gibt so manche Ausartungen davon, daß seine Folgen

gen, im Ganzen genommen, eben so viel
Nachtheil als Nuzen bringen. Falsch verstandene Ehre, Ehrgeiz, Ruhmsucht, Hochmuth und Eitelkeit sind solche Ausartungen,
die alle von dem Triebe zur Ehre abstammen.

Falsch verstandene Ehre äussert sich
theils in den Gegenständen, in welchen man
Ehre sucht, theils in der Art, Ehre zu suchen, und sie zu erhalten. Falsch verstandene
Ehre ists, wenn man sie in Gegenständen
und Handlungen sucht, die kein edeldenkender
billigen kann. So gibt es Leute, Schand-
flecken der Menschheit, die so alle menschliche
Natur und Würde abgelegt, so sehr zum
Vieh und unter das Vieh sich herabernie-
drigt haben, daß sie eine Ehre darinn suchen,
ihre schändliche, von allen Rechtschaffenen
verabscheute, Handlungen als heldenmäsige
Thaten der Welt anzupreisen, und die natürlichen Folgen und Strafen ihrer Laster als
Siegeszeichen auszuhängen q). Falsch ver-
stan-

q) Den psychologischen Grund dieser Ausartung schlage man in der vorhergehenden Abhandlung nach.

standene Ehre ists aber auch, wenn gewisse Menschen, — und diß ist hauptsächlich im Soldatenleben und auf Universitäten der Fall — ohne gerade in Affekt zu kommen, ihre verlezte, oder verlezt scheinende Ehre durch nichts anders, als durch ihren oder ihres Gegners Tod wieder herstellen zu können glauben. Der Jüngling auf Universitäten, der entweder keine rechte Begriffe von Ehre mitbringt, oder hier ganz andere lernt, bekommt in der Gesellschaft von andern Jünglingen, deren Begriffe von Ehre alle schon verschroben sind, den Begriff von Ehre, daß es schimpflich sey, seine beleidigte Ehre anderst als mit einer blutigen Ausforderung des Beleidigers zu rächen. Der andere, der die gleiche Begriffe hat, und nicht vernünftiger denkt, als jener, nimmt die Ausforderung an, und einer von ihnen, oder zuweilen beede, bleiben auf dem Plaze. — Im Soldatenstande bringt eben dieses eine jedoch) — mehr gezwungene Ursache hervor. Der Offizier, dem seine Ehre so theuer und unverlezbar, als ein Heiligthum seyn soll, muß nach gewissen Vorurtheilen, denen er

no-

nolens volens unterworfen ist, einen andern, der ihn an seiner Ehre gekränkt hat, auf Leben und Tod herausfordern; und dieser muß nach den Vorurtheilen seines Standes, wenn er nicht seine eigene Ehre, und seine Stelle verlieren will, auf diese Ausforderung zum Zweikampf erscheinen, wenn er auch als ein vernünftiger Mann ganz anders dächte, aber entweder aus Liebe zu seinem Fürsten, oder aus andern Ursachen seine Stelle nicht fahren lassen will. — Die Handlungen nun, die bei jener Gattung von Menschen, die sich aus der Schande eine Ehre machen, entstehen, sind, wie man leicht sehen wird, böse, verabscheuungswürdige Handlungen. Da es immer auch wieder so elende, niederträchtige Kreaturen gibt, die diesen Ungeheuern bei der heldenmäßigen Erzählung ihrer Schandthaten Beifall zulächeln, so werden sie dadurch in ihrer falschen Meinung von der Ehre noch mehr bestärkt, und der Vorsaz wird vester in ihnen, auf diesem Wege fortzufahren, da sie doch Lob und Beifall davon einernbten. Und so verlieren sie endlich alles moralische Gefühl, und sinken in Vernunft und Sittlichkeit unter das unvernünftige Vieh herab. Bei der leztern Gattung von Menschen aber, die ihre Ehre nur durch blutigen Zweikampf retten zu können glauben, ist der Jüngling auf Universitäten von dem Soldaten wohl zu unterscheiden. Jener nimmt ungeprüft und unbedachtsamer Weise alles an, was ihm andere sagen: kömmt er nun in den Fall, daß er seine gekränkte Ehre retten soll, so rennt er unbedachtsam in sein Verderben, er glaubt mit Heldenmuth seine grose That ausführen zu müssen, der Beifall seiner Kameraden gibt ihm noch mehr Muth, und muntert ihn noch mehr auf; und wenn er endlich fällt, so glaubt er noch mit Ruhm und Ehre gestorben zu seyn, da ihm die Geseze statt der Ehrensäule eine Schandsäule errichten, ihm, der muthwillig und unvorsichtig sein Leben hingab, das er zum Dienst und Nuzen des Vaterlandes hätte anwenden sollen. Man sieht also hieraus, wie die Handlungen eines solchen Menschen beschaffen sind. — Der Soldat hingegen, der durch falsch angenommene Geseze der Ehre

sei-

seinem Gegner sein Leben aufopfern muß, ist mehr zu entschuldigen. Er kann den Vorurtheilen seines Standes weniger ausweichen, und muß daher, wenn er nicht Ehre und Stelle verlieren will, mit seinem Gegner sich schlagen, und kommt er dabei ums Leben, so ist er immer noch mehr zu bedauren, als zu tadeln. Diejenigen hingegen auch unter den Soldaten, die muthwillig sich mit jedem schlagen, oder im Zweikampf nicht nachlassen wollen, bis einer von beeden fällt, nur um den Ruhm eines muthigen und beherzten Mannes zu erlangen, sind in dem nemlichen Falle, wie der oben angeführte Jüngling.

Eine andere Ausartung des Ehrtriebes ist der übertriebene **Ehrgeiz**. Ein solcher Ehrgeiziger strebt ohne allen Endzweck nach Ehre und Ruhm, und opfert öfters dabei auf, was ihm nach den Gesezen aufzuopfern nicht erlaubt ist.

Der **Ruhmsüchtige** hat nur den Endzweck, daß man überall weit und breit von ihm sprechen soll. Er beneidet jeden, an dem er eben so grose oder grösere Vorzüge erblickt, als an sich, und wenn er auch wirklich nach grosen Eigenschaften strebt, so ist nur Ruhm sein Endzweck, und er hat nicht die Absicht, etwas Gutes dadurch zu stiften.

Der Hochmüthige strebt nimmer weiter nach Erreichung der Ehre und des Ruhms, er glaubt beides schon genug zu besizen. Diese Vorstellung verdunkelt ihm alle seine Fehler, er glaubt der vollkommenste Mensch zu seyn. Nichts kann ihn mehr aufbringen, als wenn man die Ehrenbezeugungen, die seinem Hochmuth schmeicheln, und die er für Schuldigkeit hält, gegen ihn unterläßt.

Eitelkeit endlich ist derjenige ausartende Fehler der Ehrliebe, wenn man dasjenige am höchsten schäzt, was am wenigsten werth ist. Titel, Rang, Kleidung und andere Kleinigkeiten, sollen dem Eiteln ein Gewicht in den Augen anderer geben. Er gibt deswegen jedem Schmeichler gerne Gehör, und nichts kann ihn mehr freuen, als wenn man solche Kleinigkeiten an ihm lobt. Es ist ihm nicht genug zu sehen, wie andere dergleichen Vollkommenheiten an ihm entdecken, er sucht ihnen

aus natürlichen Trieben.

ihnen zuvor zu kommen, und ihnen seine Vollkommenheiten gleich Anfangs zu zeigen, und spricht immer davon.

Daß nun Handlungen, die aus diesen abartenden Fehlern der Ehrliebe aus Ehrgeiz, Ruhmsucht, Hochmuth und Eitelkeit, herkommen, keine gute und löbliche Handlungen genannt werden können, ist schon daraus klar, weil es Fehler und Ausartungen sind.

Der wahrhaftig Ehrliebende hingegen, der seinem Triebe zur Ehre die gehörige Richtung gibt, sucht durch wahre Vollkommenheiten und rechtschaffene Handlungen wahre, gegründete Ehre zu erlangen. Er ist zwar auch nicht gleichgültig gegen Lob und Tadel anderer, denn diß stimmte mit dem Begriffe der wahren Ehrbegierde nicht überein, aber er ist blos gegen das Lob und den Tadel der Edlen und Rechtschaffenen empfindlich, was der gemeine Hauffe von Menschen von ihm sagt, ist ihm gleichgültig. Er erkennt die Unvollkommenheit seiner Kräfte, und schäzt sie nicht höher, als sie wirklich sind. Er ringt nur nach wahren Vollkommenheiten und

Vor-

Vorzügen, Kleinigkeiten, wie Titel, Rang und dergl. sind ihm nichts. Aus dieser Ursache verfällt er nie in die Fehler des Ehrgeizes, der Ruhmsucht, des Hochmuths oder der Eitelkeit. Seine Handlungen sind ein beständiges Bestreben, sich zu immer höherer wahrer Vollkommenheit zu erheben, er wählt dazu die besten rechtmäsigsten Mittel, und seine Absicht dabei ist, sich die Liebe anderer damit zu erwerben, und dadurch so viel Gutes zu stiften, als ihm möglich ist. Er wendet seine Kräfte dazu an, um in dem Amt oder Stand, worinn er sich befindet, mit Ehren bestehen zu können. Lauter löbliche und rechtschaffene Handlungen sind also die Folgen seiner Ehrbegierde.

Dieses sind nun, wie mir dünkt, die vornehmsten menschlichen Triebe, die auf unsere Handlungen Einfluß haben, freilich bald mehr, bald weniger, bald merklicher, bald unmerklicher. — Oft kann es geschehen, daß wir den Grund unserer Handlungen und ihre Bewegursache uns selbst nicht angeben kön-

… aus natürlichen Trieben.

können, und sie ist keine andere als ein auf dunkeln Vorstellungen beruhender Instinkt.

Es erhellt übrigens aus dem bisherigen die Wahrheit der Behauptung unserer neueren Philosophen und Pädagogen, daß alle unsere Triebe ursprünglich gut sind, und nur durch Ausartung fehlerhaft werden. Denn man findet, daß diejenigen Handlungen, welche aus einem noch unverdorbenen Instinkt entstehen, immer gut, und nur diejenigen böse sind, welche der ausgeartete Trieb veranlaßt. Auch ist dieses schon à priori begreiflich. Die menschlichen Triebe haben, so wie alle Seelenkräfte und Fähigkeiten, die uns Gott anerschaffen hat, die Beförderung unserer Glükseligkeit zum Endzweck, und daraus folgt, daß sie also an sich selbst moralisch gut seyn, und moralisch gute Folgen haben müssen, weil jene ohne diese nicht erreicht werden kann. Ueberdiß lehrt die Erfahrung, daß wirklich die Triebe der Selbstliebe, Selbsterhaltung, Erhaltung des Geschlechts, der Nachahmung, der Liebe, der Dankbarkeit, der Vervollkommnung, der allgemeinen Menschenliebe, des moralischen Gefühls, und der Ehrliebe, wenn sie rein erhalten werden, und man sie ungehindert wirken läßt, lauter gute Handlungen erzeugen, und nur ihre Ausartungen in Eigenliebe, Eigennuz, Affenliebe, neidische und mißgünstige Nacheiferung, unordentliche Geschlechtsliebe, Leichtsinn und überwiegende Sinnlichkeit, und Ehrgeiz, Ruhmsucht, Hochmuth und Eitelkeit, die Quelle von Lastern und fehlerhaften Handlungen werden.

Noch muß ich zum Beschluß folgendes anmerken: Man wird mir vielleicht den Einwurf machen, daß Handlungen, die auf Instinkten beruhen, welche nur auf ganz dunkle Vorstellungen sich gründen, keiner Moralität fähig seyen; allein ich antworte hierauf, daß dem wirklich so wäre, wenn wir nur Instinkte, nicht auch Vernunft hätten, die jene leiten soll. Und dann gilt dieser Einwurf hauptsächlich nur nicht sowol für die Instinkte, als vielmehr für die Affekten. Aus diesen, wo wir öfters ohne Bewußtseyn handeln, folgen Handlungen, die selten einer Beurtheilung ihrer Sittlichkeit fähig sind; aber Instinkte und Affekten sind dem Grade nach zu sehr von einander unterschieden, als daß man sie in eine Klasse werfen, und jene wie diese beurtheilen könnte.

XI. Ueber

XI.

Ueber
das Sprichwort:

Nitimur in vetitum,
oder
Gestohlen Brod schmeckt gut.

Spaziergänge

eines Wiener Poeten

von

Anastasius Grün

XI.

Ueber das Sprichwort: nitimur in vetitum, oder: gestohlen Brod schmeckt gut. r)

So wie sehr viele Sprichwörter aus der Beobachtung dieser oder jener Seelenwirkungen entstanden sind, so auch dieses. Der Römer drückt es so aus: nitimur in vetitum semper, cupimusque negata, und der Deutsche durch ein energisches: gestohlen Brod schmeckt gut. Beide das lateinische und das Deutsche haben im Grunde einerlei

---

r) Sollte diese Abhandlung, als Probe, Beifall finden, so folgt ihr vielleicht einst eine psychologische Behandlung der Sprichwörter überhaupt nach.

Bedeutung, nur daß jenes mehr das antecedens, dieses mehr das consequens anzeigt, das lateinische aber scheint mir psychologisch richtiger zu seyn; aus was für Gründen, wird unten angezeigt werden. — Daß übrigens zwo und mehrere Sprachen dieses Sprichwort miteinander gemein haben, beweißt die Allgemeinheit der Erscheinung, worauf es sich gründet. Beides die Neigung zum Verbotenen, die das lateinische, und das Vergnügen im Genuß des Verbotenen, welches das deutsche Sprichwort ausdrückt, sind sehr allgemein, und jene mehr noch als dieses. Die Erfahrung lehrt, daß die Menschen nicht nur überhaupt eine Neigung dazu haben, von dem, was recht und gut ist, abzuweichen, sondern dieses besonders alsdann zu thun, wann das Gute durch ausdrückliche positive Geseze befohlen, oder das Böse durch positive Verbote untersagt wird. In diesem Falle fühlt man einen unwiderstehlichen Reiz gerade gegen das Gesez oder Verbot zu handeln. Ja man kann an gewissen Menschen die Erfahrung machen, daß man ihnen nur etwas zu verbiebieten braucht, wenn man haben will, daß sie das Abgezwekte thun sollen. — Auch lehrt die Erfahrung, daß öfters — ich sage mit Vorbedacht öfters, nicht immer — der Genuß einer Sache mehr Vergnügen gewährt, wenn sie verboten war, als wenn man sie auf erlaubten Wegen hätte geniessen können. Und in so fern enthält dieses Sprichwort eine unwidersprechliche psychologische Erfahrung.

Allein ich glaube, daß es doch, besonders so, wie es im Deutschen ausgedrückt wird, zuweilen eine Einschränkung leidet. Die Neigung zum Verbotenen ist zwar allgemein, und es ist ein seltener Fall, wo sie bei einem Verbote sich nicht äussern sollte: was aber das Vergnügen im Genuß des Verbotenen betrift, so ist zwar auch wahr, daß er oft sehr viele Reize hat, und groses Vergnügen gewährt, allein es gibt dann doch auch wieder Fälle, wo, wenn Drang und Trieb nach dem Verbotenen noch so stark war, der Genuß selber anfängt, eckelhaft zu werden, und man doch das Vergnügen dabei nicht findet, das man erwartet hatte, und wo alsdann eben der Gedanke: es ist verboten, den Genuß in etwas verbittert und das Vergnügen vermindert.

Die Fälle demnach, in welchen hauptsächlich der Genuß des Verbotenen Vergnügen gewährt, oder nicht, sind, meinen Beobachtungen nach, vornemlich folgende:

1) Er gewährt Vergnügen, wo entweder keine Entdeckung zu befürchten ist, oder wo die Entdeckung nichts oder nicht viel auf sich hat. Die abscheulichsten Bubenstücke werden mit dem grösten Vergnügen ausgeführt, so bald man gewiß ist, daß sie nicht entdeckt werden können; und bei unbedeutendern gesezwidrigen Handlungen verbittert der Gedanke an die Entdeckung das Vergnügen nicht, weil sie theils immer noch ungewiß ist, theils, weil man denkt, daß auch die allenfalsige Entdekkung nicht so viel auf sich habe.

2) Er gewährt Vergnügen, wo die verbotene Sache unter keinerlei Umständen auf erlaubten Wegen genossen werden kann. Sieht man während des Genusses der verbotenen Sache gar keine Möglichkeit

ein,

ein, wie derselbe auf eine andere Art, ohne ein Gesez oder Verbot zu überschreiten, hätte erreicht werden können, ist dabei diese Sache von grosem Belang: so wird wieder das Vergnügen im Genusse nicht so leicht gestört, man sieht ihn gleichsam für Nothwendigkeit an, und denkt an die Folgen nicht.

3) Er gewährt aber kein, wenigstens kein ununterbrochenes Vergnügen, wenn Entdeckung mit Wahrscheinlichkeit zu befürchten ist. Man verstehe mich aber recht, und beobachte den Unterschied zwischen Neigung und wirklichem Genuß. Neigung zum Verbotenen wird durch die Furcht vor der Entdeckung nicht geschwächt, aber das Vergnügen im wirklichen Genuß wird dadurch sehr vermindert. Beim Genuß ist ohnehin das wilde Feuer, das Andringen der Lebensgeister nicht mehr so, wie beim Entschluß, es können beim Genusse nun schon auch wieder andere Vorstellungen Plaz finden; und ist unter diesen die Furcht vor der Entdeckung, so vermindert sie das Vergnügen um vieles. Gestohlen Brod schmeckt gewiß nimmer gut,

wenn man entweder den Eigenthümer, oder den Polizeiwächter, oder den Henker im Angesicht hat.

4) Er gewährt geringeres Vergnügen, wenn die verbotene Sache unter andern Umständen ohne Verbot hätte genossen werden können. Es gibt z. B. Geseze und Verbote, die nur eine gewisse Klasse von Menschen angehen. Folgt nun einer aus dieser Klasse seiner Neigung zum Verbotenen, und genießt ein Vergnügen, das ihm, in einer andern Lage, zu genießen unverwehrt gewesen wäre, genießt ers besonders in Gesellschaft solcher, die durch ihren Stand und ihr Verhältniß nicht abgehalten werden, so benimmt immer der Gedanke an seine besondere Einschränkung den Genuß von seinem Vergnügen.

5) Auch ist es leicht begreiflich, warum der Genuß des Verbotenen nicht mehr das Vergnügen gewährt, wie das Streben darnach. Denn fürs erste betrachtet man diese Neigung als Instinkt oder als Ausartung eines Instinktes, so hat sie mit allen Trieben

das

gemein, daß sie nach der Befriedigung aufhört, angenehm zu seyn; und fürs zweite lehrt eine andere Erfahrung, daß unser größtes Vergnügen nicht im Genuß, sondern im Streben darnach besteht. s)

Man sieht also daraus, daß dieses Sprichwort wirklich seine Einschränkungen leidet, und diß ist der Fall mit den meisten. Das lateinische hingegen behauptet seine Allgemeinheit viel stärker.

Woher läßt sich nun aber diese übrigens unwidersprechliche Erscheinung **erklären**? Ich glaube, sie ist sehr leicht zu erklären, und zwar aus dem **Drang der Seele nach freier Thätigkeit**. Unsere Seele will und muß nicht nur immer und unaufhörlich beschäftigt seyn, sondern sie muß, wenn sie vergnügt seyn soll, ihre Thätigkeit auch ungehindert und nach ihren selbstgewählten Vorstellungen ausüben können. Was demnach diese Thätigkeit unterbricht, oder sie zwar wirksam erhält, aber mit Gewalt auf andere Gegenstände und fremde

---

s) Davon s. die VII. Abhandlung.

fremde Vorstellungen lenkt, ist ihr unangenehm, sie sucht ihm auszuweichen, und ihre Thätigkeit wieder in den vorigen Lauf zu bringen. Daher dann die unwiderstehliche Neigung, gerade dasjenige zu thun, was verboten, oder dem entgegen zu handeln, was befohlen wird. Wenn also z. B. ein Mensch in einer gewissen Art von Beschäftigung oder auch Vergnügen die Kräften seiner Seele am liebsten übt, und es kommt nun ein Verbot dazwischen, welches ihn in dieser Art der Thätigkeit seiner Seele stört oder einschränkt: so wird dadurch seinen Vorstellungen Zwang angethan, dieser Zwang misfällt, und die Seele strebt deswegen die Fesseln zu zerreissen, die sie hielten, und fühlt jezt eine um so stärkere Neigung, gerade dasjenige zu thun, was verboten wurde. — Aus eben der Ursache läßt es sich dann auch erklären, warum selbst das Gute, wenn es verboten wird, nur desto gewisser gethan wird. Daher die vielen Beispiele in der Geschichte, wie wenig öfters Einschränkung in der öffentlichen Religionsübung, Zwang zu Gesez- und Gewissenswi-

dri-

drigen Handlungen ausrichtete; daher die Ursache, warum die ecclesia pressa von jeher nur immer mehr wuchs, je mehr sie gedrückt wurde. — Schwierigkeiten hemmen nur selten den Flug und Schwung der Seele, sie stärken und befördern ihn vielmehr, und ein Gut wird nur um so eifriger gesucht, je mehr Schwierigkeiten sich der Erreichung desselben entgegen stellen, und sind dann die Schwierigkeiten überwunden, und ist der vorgesezte Endzweck erreicht, so ist das Vergnügen um so gröser. Daher dann das Vergnügen im Genuß des Verbotenen, wodurch aller Schwierigkeit ungeachtet, die freie Thätigkeit der Seele wieder hergestellt wurde.

Wie aber, wenn wir vorher kein Verlangen nach dem hatten, was nun verboten wird, und die Neigung zum Verbotenen stellt sich nun nach dem Verbot doch ein? Wie läßt sich das erklären? Die Erfahrung lehrt, daß viele Menschen, besonders Kinder, wenn sie auch sonst kein Verlangen darnach hatten, etwas zu thun, oder zu geniessen, nun erst eine starke Neigung

gung dazu bekommen, wann es ihnen verboten wird. — Hier scheint doch die freie Thätigkeit der Seele nicht gehemmt zu werden, weil sie auch vorher nicht auf dasjenige gerichtet war, was nun verboten ist. Allein auch diese Erscheinung läßt sich doch auf eben die Art erklären. Das Verlangen nach dem was verboten wird, geht zwar hier dem Verbot nicht vor, weil ignoti nulla cupido ist, ist aber einmal das Verbot da, so ist eben damit auch die verbotene Sache bekannt, und nun erwacht auch die Begierde darnach: denn man denkt sich aus der Analogie ähnlicher Fälle das Verbotene als etwas Angenehmes, die Thätigkeit der Seele wird also nun gleich darauf gerichtet, das Verbot hemmt demnach diese, und erweckt dadurch Misvergnügen, die Seele sucht ihre freie Thätigkeit wieder herzustellen, und nun ist die Neigung zum Verbotenen in ihrer ganzen Stärke da.

Diß ist die philosophische und psychologische Erklärung dieser Erscheinung, wodurch

ich

ich aber der theologischen über den ersten Ursprung derselben von ihrem Werthe nichts benehmen will. Ich kann mich aber auf diese hier um so weniger einlassen, weil diß dem Endzweck dieser Schrift nicht entsprechen würde.

Für die Erziehung folgen übrigens aus dieser Erscheinung einige wichtige Regeln.

1) Man verbiete nicht viel, um sich des Erfolgs desto eher zu versichern. Wer seinen Zöglingen viel verbietet, wird am meisten betrogen, und erreicht seinen Endzweck am wenigsten: denn je mehr man verbietet, desto stärker wird die Neigung zum Verbotenen, und man kann die Erfahrung leicht machen, daß diejenigen Erzieher und Erzieherinnen, welche den grösten Theil ihrer Erziehungskunst in immerwährende Verbote sezen, weit weniger ausrichten, als diejenigen, die zwar wenig, aber dieses wenige mit Nachdruck und Ernst verbieten, und, was bei den erstern selten der Fall ist, auch nachsehen, ob das Verbotene wirklich unterlassen worden ist.

2) Man

2) Man verbiete den Kindern nichts, das ihnen noch unbekannt ist, und warne sie nicht vor unbekannten Lastern. Denn es könnte leicht geschehen, daß man das Laster, wovor man sie bewahren wollte, ihnen durch Verbieten und Warnen erst lehrte, und die Neigung zum Verbotenen bei ihnen dadurch erst reizte, daß sie nun doch auch versuchen wollten, wie denn das Verbotene schmeckt.

XII.

Ueber den scheinbaren Hang der Kinder zur Grausamkeit.

XII.
Ueber den scheinbaren Hang der Kinder zur Grausamkeit.

Bei der Beobachtung der Kinderseele kommen uns so vielerlei Erscheinungen, und unter diesen so manche vor, die sich ohne psychologische Kenntnisse schlechterdings gar nicht, öfters aber auch mit solchen schwer erklären lassen, und wo deswegen der Erzieher, wenn er nicht, — was man aber bei keinem sollte vermuthen dürfen — zugleich Psycholog ist, Trugschlüsse macht, und auf diese praktische Grundsäze bauet, die seine Erziehung sehlerhaft und zweckwidrig machen. Unter Erscheinungen dieser Art gehört auch der scheinbare Hang der Kinder zur Grausamkeit.

Man bemerkt nemlich an Kindern beinahe allgemein, daß sie ein Vergnügen daran finden, kleine Thierchen, wie z. B. Mücken, Käfer ꝛc. nicht blos mit einem Drucke der Hand zu tödten, sondern sie vorher einige Zeit zu martern, ihnen die Glieder nach und nach auszureissen, oder, wie z. B. aus den Maienkäfern sich Spielwerke mit ihren Qualen zu machen, Windmühlen aus lebendig gespiesten Maienkäfern zu verfertigen, und dergl. — Man bemerkt, daß sie dieses alles mit einem gewissen heroischen Vergnügen thun, und sich gleichsam an den Qualen dieser kleinen Geschöpfe waiden.

Zu diesem Hang gehört auch die Erfahrung, daß Kinder Erzählungen von kriegerischen, selbst grausam kriegerischen Begebenheiten sehr gern hören. Sie sind bei solchen Erzählungen ganz Auge und Ohr, und je schrecklicher und hautschaudernder, desto angenehmer und unterhaltender für sie. Ich hatte einst zween Zöglinge, die in der historischen Lektion nie auf-

der Kinder zur Grausamkeit.

aufmerksamer zuhörten, als wann ich ihnen aus der Geschichte recht schreckliche Erzählungen von den Grausamkeiten des Kriegs zum Besten geben konnte.

Auch spielen sie immer dergleichen Spiele am liebsten. Kriege, Exekutionen und Todesstrafen sind gar oft der Gegenstand ihrer nachahmenden Spiele, und wo sie keine wirklichen, wiewol in diesem Fall meist leblosen Dinge haben, an denen sie dergleichen Grausamkeiten der Todesstrafen ꝛc. verüben können, so denken sie sich solche, und die Exekution geht nun in Gedanken vor sich. Einer der obgenannten Knaben machte mich oft über solche Spiele lachen. Wann er entweder allein oder mit seinem Bruder auf dem Hofe spielte, so waren meistens solche kriegerische oder grausame Handlungen der Gegenstand seiner Spiele, wiewol öfters nur erdichtet, und in der Einbildung, besonders wann er, was er sehr leicht konnte, sich allein mit solchen Spielen beschäfftigte. Da kam er dann öfters zu mir, uud erzählte mir: "nun hab ich den Krieg gewonnen, ich habe dem feindlichen General den Kopf mitten von einander gehauen, und die Soldaten hab ich alle todt geschlagen." Ein andermal kam er und erzählt', ich habe drei Soldaten aufhängen lassen, einen hab ich erschiessen lassen, zwei, drei sind enthauptet worden, u. s. w. Und dabei leuchtete ein gewisser Stolz auf seine grose Thaten und ein gewisser Heroismus aus seinem Gesichte hervor, der ihm in der That recht gut ließ.

In Kupfer-Sammlungen suchen sie ebenfalls am liebsten dergleichen Vorstellungen, wo grausame und kriegerische Begebenheiten abgebildet sind, und verweilen am längsten dabei. Der so eben genannte Knabe suchte, wann er in den Kupfern zum Basedow'schen Elementar-Werk blätterte, beinahe immer erst diejenigen Vorstellungen auf, wo die Exekutionen des Enthauptens, Hängens, Räderns und dergl. vorgenommen werden, wo Schlachten abgebildet sind, wo Reisende von Strassenräubern angefallen werden, u. dgl. und verweilte lange mit unverwandtem Blicke darauf. — Ich habe aber diese

Bemerkung nicht blos bei diesem, sondern auch schon bei mehreren Kindern gemacht, und erinnere mich auch von mir selbst des nemlichen aus den Jahren meiner Kindheit und ersten Jugend. Ueberhaupt ist sie, glaube ich, besonders bei lebhaften Kindern, allgemein zu machen.

Und wenn man nun alle diese Erfahrungen zusammen nimmt, so ist diese Erscheinung nicht mehr schwer zu erklären. Offenbar ist es, ursprünglich wenigstens, nicht wirkliche sondern vielmehr nur scheinbare Grausamkeit, die nicht aus einem bösen Herzen herrühret. Jede Handlung ist, wie sich von selbst versteht, in Ansehung ihrer Sittlichkeit nicht sowol nach dem Schaden, den sie anrichtet, oder nach den Schmerzen, die sie andern verursacht, denn sonst müßten die Operationen des Wundarztes lauter böse Handlungen seyn, — sondern vielmehr nach der Absicht zu beurtheilen, in der sie geschah, und nach der Quelle, woraus sie floß. Nun lehrt aber die Erfahrung, daß der genannte scheinbare Hang der Kinder zur Grausamkeit öfters bei Kindern von dem besten und wohlwollendsten Herzen anzutreffen ist. Der oben angeführte Knabe war sonst eines der gutmüthigsten Kinder, die man sich denken kann. Er beleidigte mit Vorsaz und Absicht und ohne gereizt zu werden, niemand, war zu allen freundschaftlichen Dienstleistungen willig, und wohlwollend und liebreich gegen alle, die ihn nicht beleidigten. Und doch war dieser scheinbare Hang zur Grausamkeit bei ihm in hohem Grade vorhanden; aber er floß offenbar nicht aus einem bösen Herzen: diß sieht man neben andern Beweisen auch daraus, weil er, wann er die Vorstellungen von Grausamkeit in den Basedow'schen Kupfern betrachtete, doch immer Mitleiden mit den Personen hatte, die sie betraf, und wann er sie lange genug betrachtet hatte, endlich davon hinweggieng, und zu mir sagte: „Ach, nicht so, das sind ja nur Bilder, denen thuts nicht weh?" Eine Frage, welche beweist, daß der Knabe dergleichen Vorstellungen zwar gerne sah, aber den Gedanken nicht zugleich mitdenken mochte, daß die abgebildeten Personen unglücklich sind.

Die

Die erste Quelle dieser Erscheinung ist also nicht Bosheit, nicht Fehler des Herzens, sondern hat einen ganz andern Ursprung. Der scheinbare Hang der Kinder zur Grausamkeit ist eigentlich die Wirkung des in diesem Alter so stark sich äussernden Dranges nach Thätigkeit und Uebung der Kräfte, und daher einerlei Ursprungs mit der Neigung der Kinder, alles, was ihnen unter die Hände kommt, zu zerbrechen, zerschlagen, zerstossen, zerbeissen ɾc. Beides kommt blos daher, weil das Kind thätig seyn will und muß, und seine Thätigkeit nun natürlich nicht anderst ausüben kann, als an den Gegenständen, die es nun eben gerade vor sich hat. Sobald das Kind anfängt zu fühlen, daß es Mark in den Knochen hat, und daß es mit seinen Aermchen und Füßchen etwas ausrichten kann, so bald will es sie auch gebrauchen, und seine Kräfte üben, und dieses Streben nach Uebung der Kräfte liegt weislich schon in seiner Natur, weil nur durch Uebung diese Kräfte wachsen. Bekommt es also in diesem Drang nach Thätigkeit irgend ein kleines lebendiges Geschöpf

unter

unter die Hände, — ich sage mit Vorbedacht ein kleines, denn gröfere sind dem Wirkungskreise des Kindes nicht angemessen, daher fürchtet es sich gemeiniglich auch, sie zu tödten, oder zu martern, kann es öfters auch von andern nicht sehen, — bekommt es ein kleines lebendiges Geschöpf unter die Hände, so übt es nun seine Thätigkeit und seine Kräfte daran, indem es dasselbe bald so, bald anderst zwischen seinen Händen behandelt und durch Ausreissung der Glieder, hin und her schleppen ꝛc. sich einen Zeitvertreib macht.

Eine andere Quelle dieses Phänomens ist der Trieb nach neuen Vorstellungen. Ein jedes Spielwerk verursacht dem Kind lange Weile, wenn es lang in einerlei Zustand bleibt. Um nun dieser zu wehren, oder sie zu vertreiben, sucht es den Gegenstand seiner Beschäftigung auch wieder in einen andern Zustand zu versezen, damit er ihm einen neuen Anblick, und dadurch neuen Stoff zur Unterhaltung gewähren soll. Daher zerbricht es sein Spielwerk und verstümmelt und tödtet kleine Thierchen. Das nemliche sagen auch der Kinder zur Grausamkeit. 315

Campe, Resewiz und Gedike in einer Anmerkung zu der Lokischen Erziehungsschrift, welche den 9ten Theil der allgemeinen Revision ꝛc. ausmacht.

S. 359.

„Bei Kindern rührt das Martern der
„Thiere aus der nemlichen Ursache her,
„aus der sie überhaupt so gern etwas zer-
„stören, zerschlagen, verstümmeln, u. s.
„w. aus der Begierde nemlich, das jedes-
„malige Objekt ihrer Vorstellungen zu ver-
„ändern, damit es anders aussehe, als
„vorher, und ihnen eine andere Vorstel-
„lung gewähre."

Dazu kommt dann gewöhnlich noch die Unwissenheit der Kinder von den Schmerzen, die sie dadurch dergleichen Thierchen verursachen. Menschen und gröfere Thiere hören sie schreien, wenn man ihnen wehe thut, und das Geschrei macht dann gleich ihr Mitleiden rege. Von diesen kleinen Thierchen hingegen, von Fliegen, Käfern, Schmetterlingen u. dergl. hören sie keinen Laut, daher denken sie auch nicht, daß
sie

sie ihnen Schmerzen verursachen, indem sie sie martern. Trapp führt eben diese Ursache und noch eine andere in einer Anmerkung zu der genannten Schrift mit folgenden Worten an:

S. 359.

„Was uns Grausamkeit an den Kindern
„scheint, ist es oft nicht, ist oft theils
„Nachahmung — denn sie sehen Thiere
„tödten, um gegessen, oder weil sie schäd-
„lich sind, weggeschafft zu werden; theils
„geschieht es aus Unwissenheit, sie stellen
„sichs nicht vor, daß die Thiere, die nicht
„schreien, etwas fühlen, wenn sie zer-
„schnitten, zerrissen ꝛc. werden."

Indessen ist freilich nicht zu läugnen, daß Kinder öfters wohl wissen, daß sie solchen Thierchen wehe thun, was sie ja etwa wenn sie auch nicht schreien, an ihrem Gesumse, an ihrem ängstlichen Zappeln ꝛc. merken können. — Ist nun das, wenn Kinder wissen, daß sie dem Thierchen Schmerzen machen, und sie finden doch noch Vergnügen daran, sie zu quälen, ist das schon wirklich der Kinder zur Grausamkeit. 317

Verstimmung der Seele? oder läßt es sich auch, ohne Bosheit zu Hülfe zu nehmen, erklären? Ich will hier nicht entscheiden. Vielleicht aber macht es folgender Beisaz erklärbar.

Der scheinbare Hang der Kinder zur Grausamkeit scheint mir nemlich auch noch aus einem gewissen Heroismus herzurühren. Das Vergnügen am Quälen der Thiere entsteht unter andern auch daher, weil sie sich freuen, irgend ein lebendiges Geschöpf getödtet, d. h. es unthätig gemacht, ihm die Macht zu schaden benommen, und gleichsam über dasselbe gesiegt zu haben: es ist also eine gewisse heldenmäsige Freude über den Sieg, ein gewisser Heroismus. Denn gewöhnlich wissen sie von solchen kleinen Thierchen, daß sie schaden können, so lange sie leben, haben es vielleicht selbst auch schon empfunden. — Warum sie dieselben aber nicht lieber mit einem Drucke der Hand auf einmal tödten, davon ist der Grund schon in den zwo ersten Quellen dieser Erscheinung angegeben. — Aus eben diesem

He-

Heroismus läßt sich auch das Vergnügen der Kinder an kriegerischen Erzählungen, kriegerischen Spielen, und kriegerischen Vorstellungen in Kupfern am besten erklären. Sie denken sich da ganz in die Geschichte und Vorstellung hinein, denken sich selbst als handelnde Personen, und empfinden nun im Geiste das Vergnügen des Gedankens, als ob sie hier selbst einen grosen und rühmlichen Sieg erfochten hätten.

Diß ist die mir am natürlichsten scheinende Erklärung dieses Phänomens. Und bei dieser Erklärung kann sich, denke ich, auch der Erzieher beruhigen, wenn er diesen scheinbaren Hang zur Grausamkeit wahrnimmt. — Daß er nur nie daraus auf ein böses Herz bei seinem Zöglinge schliesse. Dieß könnte seine ganze Erziehung verunstalten, und dem Zögling, unschuldig an der Bosheit, die ihm sein Erzieher Schuld gibt, ein Mistrauen gegen

gegen diesen einflösen, das alle gute Wirkungen der Erziehung vereitelte, und die nachtheiligsten Folgen nach sich zöge. Denn so bald Mistrauen gegen den Erzieher in dem Herzen des Kindes aufkeimt, so ist dadurch schon weit mehr verdorben, als man wol denken sollte.

Auf der andern Seite aber muß der Erzieher doch, so unschuldig, ursprünglich dieser scheinbare Hang der Kinder zur Grausamkeit ist, dahin arbeiten, daß er nicht endlich in wirkliche Grausamkeit ausarte. Denn, wenn das Kind beständig in der Unwissenheit über die Schmerzen der gequälten Thiere gelassen würde, so könnte daraus zulezt wirklich Verhärtung des Herzens und Mangel an mitleidigen Empfindungen entstehen. — Nur daß diese Bewahrung vor wirklicher Grausamkeit nicht mit dem Argwohn von schon vorhandener Bosheit angefangen, und das Kind

das

dadurch gekränkt werde; sondern es muß dieses durch liebreiche und selbst mitleidige Vorstellungen und Belehrungen geschehen, wodurch auf Verstand und Herz des Kindes zugleich gewirkt wird t).

t) Wer weiterer Anweisung darüber bedarf, der schlage den 9ten Theil der allgemeinen Revision nach, und lese daselbst die Regeln, die Loke im Text und die Revisoren in den Anmerkungen im XIII. K. „von der Neigung der Kinder zur Grausamkeit" über diese Sache geben.

XIII. Ueber

XIII.

Ueber den

psychologischen Grund

der

Freundschaft,

besonders

der sogenannten Schul-Freundschaft.

XIII.
Ueber den psychologischen Grund der Freundschaft, besonders der sogenannten Schul-Freundschaft.

Freundschaft ist für die ganze Menschheit ein so allgemeines Bedürfniß, und eine so allgemeine Erscheinung, daß es wol der Mühe werth ist, sie zu einem Gegenstande psychologischer Betrachtungen und Untersuchungen zu machen. — Der Mensch fühlt einen unwiderstehlichen Drang, sich andern mitzutheilen, und er ist unglüklich und misvergnügt, wenn er das nicht kann. Man findet auch keine Gesellschaft, sie sey so klein oder gros sie wolle, wo man nicht einige Glieder derselben in genauerem Umgange mit einander, in wechselseitigem Verlangen nach einander, in einer gewissen Harmonie der Seelen unter einander bemerkt. Daher rührt nebst andern Ursachen das Schreckliche der Gefangenschaft, daher der Schmerz der Trennung, daher der unwiderstehliche Trieb, an jedem neuen Orte, und in jeder neuen Lage sich wieder einen Freund zu suchen und zu finden, mit dem man sympathisiren kann. Selbst die wildesten Völker haben Freundschaft, und die Geseze derselben werden bei ihnen oft heiliger gehalten, als bei den gesitteten. Nur der Einsiedler scheint hier eine Ausnahme zu machen. Entfernt von allen Menschen findet er nur in sich selber Ruhe und Glükseligkeit, ist todt für den Umgang mit Menschen, und nicht selten ist ihm selbst ihr Anblick unerträglich). — Aber woher das? Entweder aus unglüklichen Begebenheiten des Lebens, die ihm Menschenhaß einpflanzten, oder aus überspannter Einbildungskraft. Im erstern Fall ist es Krankheit der Seele, die, eben weil sie Krankheit und Verstimmung ist, keine Ausnahme gegen die allgemeine Erfahrung

der Freundschaft.

rung macht. Im andern Fall aber ist es noch weniger Ausnahme, weil hier zwar der Einsiedler keinen sichtbaren Freund hat, dem er sich mittheilen kann, aber doch seinen unsichtbaren Gott und Heiland, mit dem er sich im Geiste eben so gut unterhält, wie mit einem menschlichen Freunde, und den ihm seine Einbildungskraft nun auch beinahe zum Schauen vergegenwärtigt.

Freundschaft ist dabei ein so angenehmes Gefühl, daß auch daraus leicht zu begreiffen ist, warum sie so allgemein ist. Es ist uns so wohl, wenn wir einem Freund unsere Leiden klagen, oder wenn wir ihn mit den glüklichern Begebenheiten unsers Lebens, mit unsern Erwartungen und Hoffnungen, mit unsern gelungenen Entwürfen, mit jeder Kleinigkeit, die uns betrifft, unterhalten können, und wir nehmen umgekehrt auch wieder an jeder geringen Begebenheit, die unsern Freund angeht, an seinem Glük und seinen Leiden so gern und lebhaften Antheil, wo wir bei andern Menschen, die unsere Freunde nicht sind, mit völlig gleichgültigem Blicke

dar-

darüber hinsehen, und ihre Begebenheiten, sind sie nicht allzuauffallend, hören können, wie Zeitungs-Neuigkeiten.

So allgemein aber die Freundschaft und so sehr die Bedürfniß für jedermann ist, so verschieden sind ihre Aeusserungen, Wirkungen und Erscheinungen. Man findet Leute als Freunde zusammen, die man sich nie als solche hätte denken können; man sieht Freundschaften, die unauflöslich geschienen hatten, um geringer Kleinigkeiten willen sich trennen, Freundschaften wiederaufleben, die lange getrennt waren, und nun herzlicher werden als vorher; Freunde, die beim ersten Anblick sich finden und verstehen, und Freunde, die erst nach langem Umgang und öfterem Zusammenkommen Züge an einander entdecken, die sie zu Freunden machen. Kurz, es zeigt sich nirgends mehr als hier, was Sirach behauptet: das menschliche Herz ist ein trozig und verzagt Ding, d. h. philosophisch ausgedrückt, es ist ein wunderliches, beinahe unerforschliches und unauslernbares Wesen. —

Ob aber alle dergleichen genaue Verbindungen

der Freundschaft.

gen und Uebereinstimmungen der Seele, oder ob nur Adel und Güte des Herzens, wenn sie sich wechselseitig mittheilen, den Namen der Freundschaft verdienen, darüber ist schon vieles gestritten worden. Viele behaupten, Freundschaft unter Lasterhaften und Bösewichtern sey's nur dem Namen nach, sey nicht wirkliche Freundschaft, und wahre Freundschaft finde nur Statt bei Edlen und Guten. Allein, ich glaube, es ist bloser Wortstreit, der diesen Unterschied veranlaßt hat. Zwar gebe ich zu, daß Freundschaft eine zu edle und ehrwürdige Sache ist, als daß man sie durch Deutung auf unwürdige Verbindungen misbrauchen und entweihen dürfte: allein in diesem Verstande bedeutet Freundschaft etwas ganz anders als blose Zuneigung und Uebereinstimmung der Gemüther; in diesem leztern Sinne des Worts aber findet offenbar Freundschaft auch unter Lasterhaften und Bösewichtern Statt. Denn wer kann die Zuneigung läugnen, wodurch auch Lasterhafte, Wollüstlinge, Betrüger, Diebe ꝛc. einander so bald finden? Wer kann die veste Verbindungen

X 4

läug-

läugnen, welche auch unter solchen gemeinschaftliches Interesse und gemeinschaftliche Neigungen knüpfen? Wer kann endlich läugnen, daß auch unter Lasterhaften die Freundschaft Aufopferungen veranlaßt und zugibt, die von der Stärke der Freundschaft genugsame Beweise sind?

Doch vielleicht scheine ich manchem mich bei diesen Beweisen schon zu lang aufgehalten zu haben. Ich gehe deswegen nun zu dem eigentlichen Endzweck dieser Untersuchung über, welches nemlich der **psychologische Grund der Freundschaft** sey, oder auf welchen psychologischen Gesezen die Entstehung und Fortdauer derselben beruhe? Es ist aber, wie mir dünkt, um der schon angeführten Modifikationen der Freundschaft willen, nicht so leicht, ihn zu finden, und ich weis daher nicht, ob ich ihn hier befriedigend werde errathen und bestimmen können. Beobachtungen, die zum Grunde gelegt werden, müssen das meiste entscheiden.

Nach solchen Beobachtungen nun scheint mir der psychologische Grund der Freundschaft

fürs

fürs erste nicht in einerlei Rang der Freunde zu liegen. Der Vorgesezte und Untergebene können öfters sehr warme Freunde untereinander seyn, und sind es auch wirklich nicht selten. Man findet Fürsten und Unterthanen, Fürsten und ihre Minister in so enger Verbindung und Freundschaft untereinander, als nur je eine unter Privatmännern gleichen Ranges Statt finden kann. Der Fürst sehnt sich nach dem Umgange mit seinem Minister, er hat, wie Freunde, vor seinem Lieblinge kein, oder nur wenige Geheimnisse, entfernt ihn nicht durch steiffes Hofzeremoniel von sich, schüttet alle seine Angelegenheiten in seinen Busen aus, und der Minister ist ungezwungen in Gegenwart seines Fürsten, sagt offener die Meinung seines Herzens, als in der Assemblée des Hofes, liebt seinen Fürsten mit Wärme, drängt sich auch zu seinem Umgang, scheut sich nicht, ihn zu warnen oder zu ermuntern, wo es nöthig ist, opfert Bequemlichkeit und Ruhe für ihn auf, so wie wechselseitig der Fürst zuweilen für ihn, und ist der Minister ein edler Mann, so benuzt er die

X 5   Freund-

Freundschaft, um seinen Fürsten zum wahren Vater seines Volkes und seines Landes zu bilden. Welche Herzens-Freunde waren nicht, wenn ich mich eines Beispiels aus einem Roman bedienen darf, — das man aber auch in der Wirklichkeit findet, aus welcher ich nur um etwaniger Misdeutung willen keines anführen mag, — welche Herzens-Freunde waren nicht Fürst Gustav und Vater Hallo! — Freundschaft unter Herren und Dienern ist eben so wenig selten. Man findet männliche und weibliche Herrschaften mit ihren männlichen und weiblichen Bedienten in freundschaftlicher Vertraulichkeit leben, man findet Herrschaften, die ihren Bedienten ihr ganzes Vertrauen schenken, Herrschaften, die manches mit ihren Bedienten gemeinschaftlich überlegen, die selbst im öftern Umgang mit ihnen Vergnügen finden, und ohne ihre Gesellschaft nicht leben zu können glauben, die deswegen auch ihren Bedienten Freundschaftsdienste erweisen, dergleichen nur Freunde von Freunden fordern können; und dieses alles besonders dann, wann die Bedienten nicht gerade vom

nie-

der Freundschaft.

niedrigsten Range, wenn sie z. B. Haus-Hofmeister, Haus-Sekretärs u. dgl. sind. Und so findet man auch wieder Bediente, die, wie Minister mit Fürsten, mit ihrer Herrschaft nicht nur in einer gewissen Vertraulichkeit, sondern in einer Freundschaft leben, die sich auf wirkliche Zuneigung gründet, und deren Wirkungen warme Liebe zu ihrer Herrschaft, Bemühen ihr mit Gefälligkeiten, die nicht als Schuldigkeit von ihnen gefordert werden, zuvor zu kommen, ungezwungenes Vergnügen im Umgange mit ihnen, freundschaftliche Aufopferungen und dergl. sind. Eben so trifft man auch herzliche innige Freundschaften zwischen Vätern und Söhnen an, selbst da, wo der Sohn noch ganz unter der Herrschaft des Vaters steht. Man sieht Väter, die den Umgang mit ihren — vornemlich erwachsenen — Söhnen, dem Umgang mit allen andern Menschen weit vorziehen; Väter, die ihre Söhne in wichtigen Angelegenheiten um Rath fragen, die ihnen Vorfälle, Entwürfe, Hoffnungen ꝛc. entdecken, an deren Mittheilung nur ein Freund von dem andern

dern Anspruch machen kann. Man sieht Söhne, die in ihrem Vater nicht den Befehlshaber, sondern nur den Rathgeber und Freund erblicken, und ihn nur um so herzlicher lieben, und ihm um so williger folgen; Söhne, denen die Gesellschaft ihres Vaters eben so vorzüglich angenehm ist, wie diesem die ihrige; Söhne, die eben so wenig ein Geheimniß vor ihrem Vater haben, als dieser vor ihnen, die so vertraut von seinen und ihren Angelegenheiten sich mit ihm unterreden, als ob gar kein Abstand untereinander wäre. Wechselseitige Aufopferungen will ich hier nicht nennen, weil diese auch aus der natürlichen Liebe der Eltern gegen die Kinder, und dieser gegen die Eltern erklärt werden können. — Ueberhaupt aber ist der Unterschied zwischen Vorgesezten und Untergebenen nicht so gros, daß nicht auch noch Freundschaft unter ihnen sollte Statt finden können, und es giebt der Beispiele genug, die dieses beweisen.

Einerlei Stand ist wieder kein nothwendiges Erforderniß zur Entstehung der Freundschaft. — Der Edelmann kann sich
einen

einen Bürgerlichen, der Bürger einen Bauren oft eben so gut zum Freunde wählen,
als der Edelmann den Edelmann, der Bürger den Bürger, und der Bauer den Bauren. — Der Geistliche findt öfters im Umgange mit Personen vom Civil- oder Mili-
tär-Stand eben so viel Vergnügen, als mit
solchen von seinem eigenen; der vom Civil-
stand eben so viel im Umgang mit Geistlichen
und mit Soldaten, als mit seinesgleichen;
der Soldat eben so viel in Gesellschaft seines
Feld- oder Garnisons-Predigers, und Regi-
ments-Arztes, oder mit andern Personen aus
diesen beeden Ständen, als mit Soldaten:
und man sieht öfters die wärmsten Freundschaften unter Personen von diesen 3 verschiedenen Ständen entstehen, und lange mit wech-
selseitiger wirklicher Zuneigung fortdauren.

Auch einerlei Fähigkeiten und Ver-
standskräfte sind nicht die Hauptsache, worauf sich Freundschaft gründet, und wodurch
sie entsteht. Leute von vieler natürlichen Anlage und ausgebildeten Geisteskräften können
doch mit andern von eingeschränkteren Fähigkeiten

keiten und geringerer Wissenschaft enge und genaue Freundschaft errichten, und es geschieht nicht selten, daß eben solche Freundschaften die dauerhaftesten sind: denn Leute von ausgebreiteter Gelehrsamkeit belehren gewöhnlich gerne, sie finden also am meisten Vergnügen im Umgang mit solchen Personen, die weniger wissen als sie, und sich von ihnen belehren lassen können, und wollen.

Gleiche Beschaffenheit des Temperaments scheint auch nicht ganz, wenigstens nicht immer, zur Freundschaft erforderlich, vielmehr scheint beinahe das Gegentheil nothwendig zu seyn, um die Freundschaft lebhafter zu machen, und ihr mehr Interesse zu geben. Das sanguinische Temperament ist ohnehin zur Freundschaft am meisten geneigt, und kann auch mit dem cholerischen öfters sehr gut sympathisiren, und es wird durch die Freundschaft zweener Freunde von verschiedenem Temperamente nicht selten das eine durch das andere modifizirt, geleitet, unschädlich gemacht, und in seinen gehörigen Schranken entweder erhalten, oder darein zurükgebracht.

End=

der Freundschaft.

Endlich macht auch das Geschlecht keinen merklichen Unterschied in der Freundschaft. Das männliche kann öfters eben so leicht mit dem weiblichen und dieses mit jenem sympathisiren, als das männliche mit dem männlichen und das weibliche mit dem weiblichen. Beweise davon sind solche Ehen, wo Mann und Weib noch in der angenehmsten Eintracht und Zufriedenheit mit einander leben, wenn schon das erste Feuer der Liebe verrauscht, und diese zur Freundschaft geworden ist.

Alle die Eigenschaften also, einerlei Rang, Stand, Fähigkeiten, Temperament und Geschlecht sind keine nothwendige Erfordernisse zur Gründung der Freundschaft. — Doch scheinen sie wenigstens in etwas zur leichtern Entstehung derselben erforderlich zu seyn. — Leute von einerlei Rang können sich doch eher finden, sie stehen nicht in allzugroser Entfernung von einander, haben nur wenige Schritte, um zu einander zu kommen, und weniger Ursache, sich vor Vertraulichkeiten zu hüten, um entweder sich nicht gemein zu machen, oder den andern nicht zu beleidigen.

Der

Der oben angeführten unläugbaren Beispiele ungeachtet kann es doch auch wieder Zeiten geben, wo es dem Fürsten einfallen könnte, daß er Herr und sein Freund Unterthan ist, und dem Minister muß es doch im Anfang eine Zeitlang schwer werden, sich den Abstand von seinem Fürsten als Null zu denken, und auf diese Vorstellung wirkliches Freundschaftsgefühl zu bauen, und jede Anwandlung von Herrschers-Laune seines Fürsten muß dieses Gefühl in etwas wieder abstumpfen. Diß macht die Entstehung der Freundschaft zwischen Höhern und Niedrigern schwer, aber nicht unmöglich. Je kleiner aber der Unterschied des Ranges ist, desto leichter kann auch Freundschaft entstehen. — Einerlei Stand ist zwar auch wieder kein nothwendiges Erforderniß zur Gründung der Freundschaft, und doch entsteht sie bei Personen von einerlei Stand leichter. Der Geistliche findet doch eher unter Geistlichen, der Weltliche unter Weltlichen, der Soldat unter Soldaten seinen Freund: denn es kommt einer solchen Verbindung unter Personen gleichen Standes das Sprüchwort zu Hülfe:

Na-

der Freundschaft.

Navita de ventis, de tauris narrat arator. Diß können sie aber alle am besten unter ihres Gleichen, nicht so leicht unter Personen von verschiedenen Ständen: denn für den Schiffmann haben die Ochsen, und für den Ackersmann die Winde kein groses Interesse. — Eben so hindern zwar auch ungleiche Fähigkeiten die Entstehung der Freundschaft nicht ganz, doch darf der Unterschied nicht allzugroß seyn: denn mit dem allzueingeschränkten und ganz ausgemachten Dummkopf kann offenbar der Mann von hohem Verstande und Einsichten nicht sympathisiren. — In Ansehung der Temperamente ist zwar zu der Freundschaft Gleichheit nicht ganz nothwendig, doch dürfen es auch nicht gerade die zwey entgegen geseztesten Temperamente seyn, das sanguinische und melancholische, wenn Freundschaft entstehen soll. — Endlich findet man zwar auch Freundschaften unter Personen von verschiedenem Geschlecht, aber es steht der leichtern Gründung derselben doch immer auch die Empfindung der Schönheit und Häßlichkeit im Gesichts-Ausdruck entgegen, welche in einem Geschlecht gegen das andere entweder gleich Liebe, oder widrige Gefühle erzeugt, die der Freundschaft zuwider sind, die aber nur ein Geschlecht am andern mit Scharfblik und mit Wohlgefallen oder Misfallen entdekt. Daher entsteht dann immer leichter Freundschaft unter Personen von gleichem als unter solchen von verschiedenem Geschlecht. — Aber wozu das alles? Und widersprechen nun diese Behauptungen den vorigen nicht? Keineswegs: was schwer ist, ist deswegen nicht unmöglich. Wenn also die angegebene Verschiedenheiten die Freundschaft nicht unmöglich machen, so ist die Gleichheit dieser Umstände höchstens nur Beförderungs-Mittel derselben, nicht aber nothwendiges Erfordernis zu ihrer Entstehung, mithin auch nicht der wahre psychologische Grund der Freundschaft.

Dieser muß demnach in irgend einer andern Erfahrung liegen, und ich glaube ihn hauptsächlich in der Aehnlichkeit des moralischen Charakters und der Denkungsart im Ganzen und in der Aehnlichkeit der Neigungen und Endzweke zu finden. — Aehnlichlichkeit des moralischen Charakters ist nothwendig, wenn Freundschaft entstehen soll: denn der Hinterlistige und Ränkevolle kann nicht der Freund des Geraden und Offenen, der Betrüger nicht der Freund des ehrlichen Mannes, der Hochmüthige nicht der Freund des Demüthigen, der Herrschsüchtige nicht der Freund des Unterwürfigen seyn, und umgekehrt, sondern der Gerade und Offene kann nur mit dem Geraden und Offenen, der ehrliche Mann nur mit dem ehrlichen Manne, der Demüthige nur mit dem Demüthigen, der Unterwürfige nur mit dem Unterwürfigen wahre, herzliche, innige Freundschaft errichten. Kleinere Nuancen und Abweichungen im sittlichen Charakter machen übrigens keinen grosen Unterschied, und hindern die Freundschaft nicht, wenn nur sonst die Hauptzüge einander gleich sind. Der offene und gerade Mann kann dabei schnell auffahrend und hizig seyn, und er wird dabei doch der Freund des Geraden und Offenen bleiben, der dabei sanft und nachgebend ist. — Einerlei Denkungsart ist für die Freundschaft eben so nothwendig, aber nur in Dingen, die Verstand und Herz zugleich angehen. Verschiedenheit spekulativer Meinungen stört die Freundschaft nicht, macht sie vielmehr lebhafter, und veranlaßt manchen freundschaftlichen Streit, der Unterhaltung gewährt. Aber verschiedene Meinungen des Herzens können mit der Freundschaft nicht bestehen. Wer etwas für unsittlich, schändlich und unerlaubt hält, kann der Freund dessen nicht seyn, der eben das für erlaubt oder gleichgültig hält.

Gleiche Neigungen und Endzwecke beeder Freunde, wenn nehmlich die leztere einander nicht entgegen lauffen oder ausschliessen, sind ein nicht weniger nothwendiges Erfordernis zur Gründung der Freundschaft. Ungleiche Neigungen und Endzwecke und das Aufsuchen der verschiedenen Mittel zur Befriedigung und Erreichung derselben entfernen Menschen von einander, so wie gleiche Neigungen und das Aufsuchen der Mittel zu gleichem Endzwecke sie einander näher bringen. Derjenige, der gleiche Neigungen mit einem andern hat, findet diesen bald, und sie werden leicht Freunde,

weil

weil sie sich einander mittheilen können, indem jeder Sinn für die Bedürfnisse des andern hat.

Endlich stiften auch gemeinschaftliche oder gegenseitig bekannte Leiden öfters die dauerhafteste Freundschaften. Jene nach dem bekannten: solamen miseris &c. und diese durch die wohlthätige Empfindungen des Mitleidens.

Gleiches Alter gehört vielleicht auch noch zur Gründung der Freundschaft. Kinder können selten mit Erwachsenen sympathisiren, weil ihre Vorstellungen und Empfindungen nicht mit den Vorstellungen und Empfindungen dieser harmoniren: indessen ist die Gleichheit des Alters doch nicht ganz nothwendig, denn Erwachsene können durch Herablassung doch auch Freunde der Jugend und Kindheit werden.

Im Ganzen aber ist es doch eine nicht weiter erklärliche Uebereinstimmung der Seelen, was den psychologischen Grund der Freundschaft ausmacht. Denn woher anderst kann es kommen, daß zween Freunde beim ersten Zusammenkommen sich finden, und Freunde werden, die einander vorher gar nicht, weder nach ihrem moralischen Charakter noch nach ihren Neigungen ꝛc. gekannt hatten? Es bleibt zwar immer richtig, daß die angegebene Ursachen der Hauptgrund hauptsächlich von der Fortdauer der Freundschaft sind: aber ihr Anfang läßt sich einmal nicht immer daraus erklären, sondern hat offenbar seinen Grund in einer gewissen ursprünglichen und einfachen Uebereinstimmung der Gemüther.

Es gibt nun aber noch eine besondere Art von Freundschaft, die sich durch Stärke und Dauer besonders auszeichnen soll. Diß ist die so genannte Schul-Freundschaft, die schon in den ersten Jahren der Jugend zu der Zeit entsteht, wo eine Anzahl von Knaben gemeinschaftlich Eine Schule besuchen. Während dieser Zeit entstehen unter diesen Knaben Freundschaften, die unzertrennlich und vester seyn sollen, als alle andere, die man im weitern Fortgange seines Lebens erst trifft. Ob dieses richtig sey, möchte ich nicht gradezu mit Ja beantworten. Es ist wahr, man findet Freunde, wahre, innige, vertraute Herzens-Freunde, deren Freundschaft schon je r lange Zeit dauert, und die den Grund dazu in den

Jah

Jahren ihrer Kindheit gelegt hatten, da sie noch gemeinschaftlich die Schule mit einander besuchten. — Aber ich kenne auch andere, die in den Schul-Jahren die wärmste Freunde waren, und nun einander sehr gleichgültig sind. Es ist auch psychologisch leicht begreiflich, daß Schul-Freundschaft zuweilen wieder aufhört. Von den Kinder-Jahren an bis in das männliche Alter können sich die Neigungen, selbst der moralische Charakter, so sehr verändern, daß diejenigen, die in der Kindheit einander hierinn ähnlich waren, nun einander sehr unähnlich sind: da nun aber Gleichheit der Neigungen und des moralischen Charakters zur Freundschaft nothwendig erforderlich sind, so ist es kein Wunder, wenn bei der nun entstandenen Ungleichheit dieser Umstände eine solche Freundschaft wieder getrennt wird.

Wenn aber eine solche Schul-Freundschaft auch wirklich nicht nur herzlich und warm anfangt, sondern auch so fortdauert: so ligt der psychologische Grund davon theils in den nehmlichen Erfahrungen, wie der von der Freundschaft überhaupt, theils noch in einigen besondern Nebenumständen. — Kinder und Knaben werden eben so, wie Erwachsene, Freunde durch Aehnlichkeit der moralischen Charaktere und Neigungen.

Warum aber besonders in der Kindheit und Jugend Freundschaft am leichtesten geknüpft wird, und warum diese, wenn die zwei rechte Subjekte sich gefunden haben, öfters so lang mit unzertrennlicher Vestigkeit fortdauert, davon ligt der Grund, dünkt mir, hauptsächlich darinn: Die Seele des Kindes und Knaben ist noch so ganz offen, kennt noch keine Verstellungs-Kunst, es spricht und handelt noch, wie es denkt, und verschließt sein Herz nicht aus politischen Ursachen vor dem Freunde, legt es auch nicht in Falten, die es einem andern unerforschbar und unzugänglich machen könnten. Daher durchschauet es ein anderer bald, und weil das Kind den Zugang zu seinem Herzen immer offen erhält, so nähert sich ihm ein anderer, dem nun Freundschaft und Mittheilung auch Bedürfniß ist, bald, und so wird, was bei Erwachsenen um der schon grösern Verstellungs-Kunst und absichtlicher, aus Erfahrung abstrahirter Ver-

schließ-

der Freundschaft.

schliessung des Herzens schwerer ist, und langsamer geschieht, gar leicht und schnell Freundschaft gestiftet; und diese erste Wärme einer solchen Freundschaft, wo ein Freund den andern ganz kannte, als er sein Freund ward, und also, wenn er mit ihm sympathisiren sollte, gänzliche Aehnlichkeit im Charakter und in den Neigungen entdekt haben muste, verursacht es denn auch, daß sie, wenn nicht die oben genannten Umstände eine Aenderung machen, mit desto gröserer Vestigkeit und desto längere Zeit fortdauert, je unverstellter und aufrichtiger sie angefangen wurde.

Ueberdiß befördert das die Entstehung und Fortdauer der Schul-Freundschaft sehr, daß der unter Erwachsenen eingeführte Ceremonien-Zwang bei Kindern noch nicht üblich ist. Bei Erwachsenen hindert dieser Zwang die Entstehung mancher Freundschaft, und betrügt uns leicht in der Wahl unserer Freunde: denn schon mancher ist durch die äusserliche Höflichkeits-Bezeugungen eines andern irre geführt, und durch die Meinung betrogen worden, als hätte er einen Herzens-Freund gefunden, indessen er

Y 5 sich

sich eine Natter in den Busen legte. Bei Kindern hingegen fällt dieses weg, sie sind unter einander frei von dem lästigen Zwang der Ceremonien, der Sohn des Ministers hat in ihren Gesellschaften nicht mehr Recht als der Sohn des Handwerksmanns, oder wenn er mehr fordert, so wird er geäussert, sie hintergehen einander nicht mit blos äusserlichen Höflichkeits-Bezeugungen, sondern reden die Sprache des Herzens, daher betrügen sie sich auch nicht so leicht in der Wahl ihrer Freunde, und diß macht, daß eine so entstandene Freundschaft bis an den Tod fortdauern kann.

Aus allem bisher gesagten ist es nun auch leicht zu erklären, warum manche Freundschaft, die man für unzertrennlich hielt, so schnell wieder zerreißt. Man sieht oft, und man kann sich nicht erklären, warum? daß die vertrautesten Freunde plözlich einander gleichgültig, wol gar erklärte Feinde werden. Woher mag das kommen?

Nicht selten ist an einem solchen Bruche Selbstbetrug Schuld. Man hatte sich eingebildet, einen wahren Freund gefunden u h ben, mit dem man im moralischen Charakter und in

sei

der Freundschaft. 347

seinen Neigungen harmonirte, und nun, nach längerem Umgang mit ihm findet man, daß man sich betrogen hatte. Entdekung eines Selbstbetrugs schmerzt immer, denn sie greift den natürlichen Stolz zu sehr an: die Ursache der daher entstandenen Mislaune sucht man nun auffer sich in dem falschgewählten Freunde, und diß erregt Gleichgültigkeit, und zulezt so gar Haß gegen ihn, und um so unversöhnlichern Haß, je herzlicher und inniger vorher die Freundschaft schien. In diesem Fall ist es dann aber freilich nicht eigentlicher Bruch der Freundschaft, sondern nur Erkenntnis, daß die vermeinte Freundschaft nie das wirklich, sondern nur Bekanntschaft, höchstens Vertraulichkeit war.

Eine andere Ursache getrennter Freundschaft kann, wie oben schon angegeben worden ist, Veränderung des moralischen Charakters oder der Neigungen bei einem Theile seyn. So bald diese nimmer bei beeden Freunden harmoniren, so hört auch die Freundschaft auf, und jeder Theil sucht sich wieder einen neuen Freund, mit dem er sympathisiren kann. Wird z. B. der eine etwa durch hohe Ehrenstellen, wozu er er gelangt, stolz, was er doch vorher nicht war, so kann der andere, der keine Anlage zum Stolz hat, nicht mehr mit ihm sympathisiren, die Freundschaft wird also lau, wird kalt und hört endlich ganz auf. Stolz ist überhaupt ein mächtiger Schlagbaum gegen die Freundschaft, und der einzige Fall, wo ähnliche Gesinnungen keine Sympathie erzeugen. Denn der Stolze kann mit niemand weniger als mit dem Stolzen sympathisiren.

Einander im Wege stehende und sich ausschliessende Endzweke müssen auch eine Freundschaft zerreissen. Wenn Freunde gleiche Endzweke und Absichten haben, aber nur Einer sie erreichen kann, so bleibt der selten der Freund des andern, der in seiner Hoffnung betrogen ward. Wie oft haben sich nicht schon die vertrautesten Freunde entzweiet, unversöhnlich entzweiet, wenn sie beide nach Einem Gegenstande strebten, den nur Einer erreichen konnte, wenn sie z. B. ihre Liebe auf einerlei Frauenzimmer geworfen hatten!

XIV. Ueber

XIV.

Ueber das Feierliche der Todten-Acker und Leichen-Begängnisse.

XIV.

Ueber das Feierliche der Todten-Aeker und Leichen-Begängniſſe.

Todten-Aeker und der Aufenthalt auf denſelben haben für den, der ſie beſucht, etwas ſo feierliches, etwas ſo ſchauerlich ſüſſes, daß die Empfindung, die ſie erregen, etwas ganz eigenes unbeſchreibliches iſt. Es iſt uns dabei ſo wohl, die ſtille Art von Melankolie, die ſich unſerer bemächtigt, verſenkt uns ganz in uns ſelbſt, macht uns alles auſſer uns vergeſſen, erwekt gewiſſe unnennbare Gefühle, die wir um vieles nicht vermiſſen möchten, wenn ſie ſchon nur vermiſchte, halb angenehme, halb unangenehme Empfindungen ſind, der Anblik der aufgethürmten Erden-Hügel, unter deren jedem die Gebeine eines einſt Lebendigen ſchlafen und das Wandeln unter ihnen, besonders unter solchen, unter denen auch unsere Geliebte ruhen, erwekt gewise wehmüthige Empfindungen, die uns nicht selten Thränen erpressen, aber selbst auch unterm Weinen noch angenehm sind, wir trennen uns ungern wieder davon, und glauben Tage und Nächte lang hier zubringen zu können. Kommen noch die Dunkelheit und Stille der einbrechenden Nacht, und die um diese Zeit nun aufsteigenden Düfte der Blumen und Erde dazu, so wird jede dieser Empfindungen noch um einen Grad erhöht, und unsere Gefühle um so schwärmerischer.

Dieselben Empfindungen haben wir auch bei Leichen-Begängnissen, die wir entweder mit ansehen, oder noch mehr, wo wir selbst mit dabei sind. Ich übergehe hier diejenigen, die die Folge eines Todes-Falls aus unserer eigenen Familie, oder aus der Reihe unserer Geliebten sind, und rede nur von denen, bei denen wir etwan Ehren halber gegenwärtig sind. — Die Trauer der Familie des Verstorbenen, das dumpfe Geläute, die Sterbe-Gesänger, der langsame Gang des Leichen-Zugs, die Todten-Stille während der wirklichen Beerdigung, das

Hin-

Hinuntersenken in die Gruft, die Menge der Zuschauer und noch mehr andere Dinge machen uns ein Leichen-Begängnis zu einer sehr feierlichen Begebenheit. Wir haben dabei auch die schauerlich süsse Empfindungen, das schwärmerische Gefühl, die wehmüthige Melankolie, und die stille einsame Versenkung in sich selbst, wie bei der Besuchung der Todten-Aeker. — Und der Eindruck der Feierlichkeit, den ein solches Leichen-Begängnis bei uns macht, erstrekt seine Wirkungen auch auf die Personen, die das Leichen-Begängnis hauptsächlich angeht. Wir fühlen ein ungewöhnliches Interesse für sie, wir gewinnen sie lieb, wenn sie uns gleichgültig waren, und auch mit unserm Feinde könnten wir uns bei solchen Gelegenheiten leicht und herzlich versöhnen, wenn er die theilnehmende Person des Leichen-Begängnisses ist.

Wie aber die Gewohnheit überall ihre unwiderstehliche Macht äussert, so auch hier. Gewohnheit vermindert und tilgt zulezt jeden Eindruck, auch den stärksten und lebhaftesten, und stumpft die feinsten Gefühle ab. So ist es auch hier. Je öfter man Todten-Aeker besucht, und etwan aus andern Veranlassungen auf ihnen wandelst, desto mehr verliert sich das Gefühl des Feierlichen und Schauerlichsüssen, und der Todten-Aker hat zulezt nicht mehr Interesse für uns, als jeder andere Plaz. — In Städten, wo die Begräbnis-Pläze ausser der Stadt liegen, läßt sich dieses Gefühl länger erhalten, weil man sie weniger besucht. Auf Dörfern aber, wo der Weg zur Kirche über den Gottes-Aker geht, verschwindet diese Empfindung bald, und der Plaz verliert seine eigenthümliche Reize. Ich habe diese Erfahrung an mir selbst schon öfters gemacht. Wann ich in Städten den Todten-Aker besuchte, so wars mir darauf immer so schauerlich wohl, ich fühlte mich gleichsam erhaben über Erde und Welt, ich wurde von wehmüthigen Empfindungen überwältigt, und vergas mich selbst und alles ausser mir. Auf keinem andern Plaz aber empfand ich dieselben Empfindungen. Hier, auf dem Dorfe, wo mein gewöhnlicher Weg nach der Kirche über den Gottes-Aker geht, kann ich so ziemlich gleichgültig darüber hingehen, und die vormalige Empfindungen und Eindrüke sind weg,

weg, weg, als ob sie nie da gewesen wären. Was doch die Macht der Gewohnheit nicht thut!

Woher kommt nun aber diß Gefühl des Feierlichen auf Todten-Aekern und bei Leichen-Begängnissen, so lang es noch nicht durch Gewohnheit abgestumpft ist?

Bei der Erklärung desselben mus, denke ich, theils auf das Feierliche selbst, theils auf das Angenehme dieses feierlichen Gefühls Rüksicht genommen werden, denn jedes hat seinen besondern Ursprung.

Das Feierliche der Todten-Aeker und Leichen-Begängnisse entsteht aus einer gewissen Ideen-Assoziation. Die Gedanken an Tod, Verwesung, Unsterblichkeit der Seele, künftiges Leben, Auferstehung, Ewigkeit, Wiedersehen und dergl. reihen sich bald und leicht an die Vorstellungen von den in den Gräbern hier Ruhenden an. Beim Anblick der Gräber, und dem damit verbundenen Gedanken an die darinn verweste oder verwesende Leichname entsteht ganz natürlich auch der: Alle die hier ruhen, waren, was ich jezt bin, wandelten zum Theil noch vor kurzer Zeit in unserer Mitte, einst, vielleicht bald, werde ich auch seyn, was sie nun sind, Moder und Staub. Von diesem Gedanken an Tod und Verwesung geht nun die Seele auf die verwandten an **Unsterblichkeit, künftiges Leben, Auferstehung und Ewigkeit** über. — Von allen den Todten, denken wir nun, die hier liegen, ruhen nur die entseelte Körper im Grabe, die entflohene Seele befindet sich schon in den Gefilden der Ewigkeit, hat schon ein anders neues Leben angefangen, und geniest oder erwartet nun den Lohn ihrer Thaten in einem Leben, das kein Ende mehr nimmt. Und nun noch einen umfassenden Blick über die Gräber hin, so steht auch der Gedanke lebhaft da vor der Seele: Alle diese Hügel und Klüfte werden einst ihre Todten wieder geben, und Tod und Grab und Verwesung wird nicht mehr seyn. —

Diese Gedanken, die beim Anschauen der Gräber am leichtesten entstehen, sind es, welche dann ernsthafte, schauerliche, feierliche Empfindungen, stille Melankolie, wehmüthige Gefühle, einsame Vertiefung in sich selbst, Abziehung des Geistes von Erde und Welt erweken.

End-

Endlich aber gesellt sich auch noch der Gedanke ans Wiedersehen und Wiederzusammenkommen dazu. Alle die Schlafenden, wann sie einst wieder erwacht sind, und ich mit ihnen, denken wir nun, werde ich wiedersehen, mit allen Geliebten, die mich verliessen, oder die ich einst verlassen muß, wieder zusammen kommen. — Das alles, wenn schon nicht so deutlich gedacht, als ich's hier niederschreibe, geht doch wenigstens dunkel vor unserer Seele vorüber, und stimmt nun vollends ganz zu schwärmerischen Gefühlen, bringt aber auch schon etwas Angenehmes in diese feierliche Vorstellungen. Durch die Gedanken an Tod und Wiedersehen entsteht auch Sehnsucht nach denen, die der Tod uns entriß, und die wir wieder zu sehen hoffen: daher dann die wehmüthige Empfindungen, die nicht selten von milden Thränen begleitet werden.

Diese Betrachtungen werden dann noch von der an solchen Oertern, besonders wenn wir sie des Abends besuchen, meistens um uns herrschenden Stille befördert, und der Tod oder Schlaf der Natur, wenn ich so sagen darf, der mit der untergehenden Sonne beginnt, erhöht die Gefühle, und gibt ihnen mehr Stärke und gröseres Leben.

Das Angenehme aber, das in dieser Vorstellung und Empfindung des Feierlichen von Todten-Aekern und Leichen-Begängnissen ligt, rührt hauptsächlich von dem Trieb nach neuen Vorstellungen, und von dem Vergnügen her, das uns das Unbekannte gewährt. Die Gegenstände der künftigen Welt sind uns noch ganz neu, wir haben noch nichts davon durch Erfahrung genossen, sie sind nur Güter der Erwartung und Zukunft, wir können uns davon noch keine deutliche Vorstellung machen, sie sind uns völlig unbekannt. Diß reizt unsere Neubegierde, im Unbekannten, das wir zwar dem Namen, aber nicht seiner Beschaffenheit nach kennen, ligt für uns etwas so süsses, wir unterhalten uns daher gerne mit den Vorstellungen davon, und geniessen dadurch gleichsam einen Vorschmack unserer Hoffnungen. v)

Diß gewährt uns Vergnügen, reizt uns zu solchen Vorstellungen und Empfindungen, und wir lieben deswegen dergleichen äusserliche Eindrüke, welche Vorstellungen und Empfindungen dieser Art in uns erweken.

v) Man sehe darüber die III. und VIIte dieser Abhandluungen.

XV. Ueber

XV.

Ueber das Kriegerische in unsern Spielen.

XV.
Ueber das Kriegerische in unsern Spielen.

Die meiste unserer gesellschaftlichen Spiele haben etwas Kriegerisches. Seinen Feind schlagen, durch Gewalt, Geschiklichkeit und List, siegen und überwinden auf der einen, und verlieren und überwunden werden auf der andern Seite ist der Innhalt und Hauptzwek eines jeden unter diesen Spielen. — Selbst die Anlage derselben ist ganz so gemacht, wie wenn durch sie eine Schlacht geliefert werden müßte. Da sind Könige und ihre Anführer des Heers und ihre Schild-Knappen, stärkere und schwächere Kompagnien von Mannschaft, wovon nach den Gesezen des Spiels natürlich immer die stärkere vor der schwächern den Vorzug hat. — Da sind künstlich angelegte Plane, um den Feind zum Weichen zu bringen ꝛc. Das Kegel-Spiel, die verschiedene Arten von Karten-Spielen, das Bret-Spiel, das Damen-Spiel, das Schach-

Z 5   Spiel

Spiel und mehr andere. zeichnen sich besonders hierinn aus.

Beim Kegel-Spiel besteht die Hauptsache und der Sieg in der gröſern Menge der durch einen glüklichen Wurf erlegten Mannschaft. Die Stellung der Kegel selbst ist der Plan einer Veſtung, die nun durch schweres Geschüz bombardirt wird, die Besazung hat ihren König, und um ihm ihre Treue zu beweisen, nimmt sie ihn in ihre Mitte, um ihn von allen Seiten her vor dem ersten Angriff sicher zu stellen.

Bei den Karten-Spielen ist schon mehr künstlicher Operations-Plan angelegt. Hier kommt es nicht so wohl auf Gewalt oder Geschiklichkeit, als vielmehr auf Liſt und Kriegs-Glük an. — Die Könige sind hier nicht allein die Helden des Streits, sie haben auch ihre Damen und Schild-Knappen bei sich, die sie deken: und doch iſt da die gleichsam in Eins konzentrirte Leibgarde (das As oder Daus) noch mächtiger, und hat mehr zu bedeuten als sie selbst. Darauf folgen die verschiedene Kohorten von X. IX. VIII. u. s. w. — und immer führen 4 Könige zugleich Krieg mit einander. Wenn nun die Schlacht wirklich beginnt, so kommt es darauf an, durch Liſt dem Könige seine ihn dekende Mannschaft wegzunehmen, um ihn selbst zu bekommen; und kann dieser nicht durch Aufopferung derselben seine eigene Sicherheit mehr bewirken, so muß er

zulezt

zulezt seiner eigenen treulosen Leibgarde sich zum Gefangenen ergeben.

Das Bret-Spiel ist das Muster einer Kriegs-Nekerei, wo es darauf hauptsächlich ankommt, seinen Feind zum Weichen zu bringen, und am Ende das Schlachtfeld zu erst und ganz für sich zu bekommen.

Das Dam-Spiel nähert sich noch mehr den eigentlichen kriegerischen Operationen. Zwei Heere rüken gegen einander an, stehen in völliger Schlachtordnung einander gegen über; und es kommt darauf an, sich in den hintersten Theil des feindlichen Schlachtfeldes einzudrängen. Zu diesem Endzwek wird jeder einzelner Streiter geschlagen und weggenommen, der gegen den Feind vorrükt, ohne wieder einen andern hinter sich zu haben, der ihn dekt. — Anführer hat das Spiel keine, denn die Damen, die am Ende entstehen, waren vorher nichts weiter, als eben auch gemeine Soldaten, und machen nun, wann sie Damen worden sind, nur ein zügelloses umher schwadronirendes Freikorps aus. Ueberhaupt müssen beide Heere aus jungfräulichen Amazonen bestehen, die dann, wann sie Muth und List genug hatten, bis in das lezte Feld des feindlichen Lagers durchzudringen, daselbst zu Damen gemacht werden, d. h. wie es dann wirklich geschieht, einen Führer oder Gehülfen, und mit ihm zugleich, nach weiblicher Sitte, die Freiheit bekommen, nunmehr vor-
und

und rükwärts zu spazieren, wie es ihnen beliebt, und durch diese Wendungen dem Krieg ein siegreiches Ende zu machen.

Das eigentliche Kriegs-Spiel aber ist das Schach-Spiel, eine der grösten Erfindungen des Spiel-Geistes. Nur Schade, daß es nicht eigentlich Spiel, nicht Erhohlung ist, weil es zu viel Anstrengung des Geistes erfordert. Hier ist der eigentlichste taktische Operationsplan angelegt. — Der König hat hier so viele verschiedene Arten von Streitern, als er in der kritischen Lage, in der er sich befindet, bedarf. Seine Bauren sind die einfachsten. Läufer, Springer und Elephanten oder Rochen aber müssen ihm dazu dienen, ihn zu verwahren, daß ihm die feindliche Parthei nicht auf den Leib kann. Er wehrt sich aber ritterlich, und noch ist der Sieg zweifelhaft, wenn auch alle seine Beschüzer, selbst seine Königin, ihm genommen sind, so lange nur noch er auf dem Plaze steht, und freien Wirkungskreis hat. Aber dann, wann ihm auch dieser eingeschränkt ist, ist der Schach matt, d. h. todt und unthätig, und so bald der Heerführer todt ist, so ist der Krieg gewonnen.

Die Erfinder dieser Spiele müssen wirklich keine unphilosophische Köpfe gewesen seyn, sondern ihre gute Absichten gehabt haben, warum sie denselben diese kriegerische Gestalt gaben. Psychologisch richtiger hätten sie es wenigstens nicht angreiffen können, um ihnen das gröste mögliche Interesse zu geben.

Krieg, in welchem man selbst mit verwikelt ist, interessirt ungemein, spannt alle Sehnen und Nerven zur Aufmerksamkeit, erhält die Seele in unaufhörlicher und rastloser Thätigkeit, und erwekt eine Menge von Leidenschaften, die nun alle befriedigt seyn wollen.

Man sieht diß aus den Kriegen groser Herren, die nicht nur Spiel-Kriege, sondern wirkliche Kriege sind. Mit welcher Begierde wird nicht ein Krieg geführt, wie arbeiten nicht Monarchen Tag und Nacht an den Planen desselben, wie lebt und webt ihre ganze Seele darinn, wie sind sie so begierig auf den noch ungewissen Ausgang, wie werden alle Kräften angestrengt, um sich eines glüklichen Ausgangs zu versichern! — Feldherren, die den Krieg führen sollen, mit welcher Begierde, mit welchem Muth, mit welcher Entschlossenheit und Ausdaurung kämpfen sie, wie ringen sie nach den Lorbeeren des Siegs und der Ehre, wie wird ihre Thätigkeit durch Schlachten angefeuert, wie horchen nicht Helden auf, wenn die Kriegstrommete ertönt, wie arbeitet nicht ihre ganze Seele in ihnen, wenn sie hören, daß Krieg werden soll!

Selbst andere, die der Krieg selbst nichts angeht, die nur durch Nachrichten davon daran Theil nehmen können, finden doch so viel Interesse und Unterhaltung darinn. Wie werden die Zeitungen so begierig gelesen, wenn sie Kriegsnachrichten enthalten! wie ist jedermann,

mann, hauptsächlich Politiker, so ängstlich bemüht, die erste und sicherste Quellen zu entdeken, woraus ihnen Nachricht zufliessen kann, wie interessirt man sich um eine von den Kriegsführenden Mächten, und wie oft hat nicht schon dieses einseitige Interesse zwischen zween Politikern die unversöhnlichste Feindschaften erregt, gleichsam als ob sie selbst die Hauptpersonen des Spieles wären! — So leicht und natürlich sich nun dieses alles aus dem Trieb der Neubegierde erklären läßt, so ist es doch zugleich ein Beweis, was für Interesse und Unterhaltung kriegerische Untetnehmungen gewähren.

Kein Wunder also, daß die Erfinder unserer Spiele solche kriegerische Unternehmungen in denselben nachahmten. Sie wußten wohl, was für ein eigenthümliches Interesse diß ihren Erfindungen verleihen würde.

Darneben ist siegen oder besiegt werden ein starker Reiz für die Ehrbegierde.

Man läßt sich nicht gern überwinden, sondern will immer siegen, besonders da, wo der Sieg durch List errungen werden muß. Denn siegt man da nicht, so ist diß gleichsam ein Vorwurf, den man seinem eigenen Verstande machen muß: um nun diesem auszuweichen, strengt man alle Kräfte an, und spannt seine Aufmerksamkeit aufs höchste. Diß aber gewährt Unterhaltung: also wieder ein Grund, warum das Kriegerische in unsern Spielen sie so unterhaltend macht.

Da-

Daher kommt es dann auch, daß solche Spiele einen so unwiderstehlichen Reiz haben, daß, wer sie einmal versucht hat, so leicht von ihnen fortgerissen wird, daß er sich nicht mehr los machen kann, und daß er zulezt alle andere Beschäfftigung darüber vergißt; und daher kommt es auch, daß sie so unwiderstehlich fesseln. Man kann nicht selten Gesellschaften von Spielern ganze Nächte durch spielen sehen, ohne daß sie zu bemerken scheinen, daß die Zeit fortrükt; und hier allein äussert sich der sonst so mächtige Trieb zur Veränderung nicht, denn die leidenschaftlichsten Spieler spielen einerley Spiel nur um so lieber, je öfter sie es schon gespielt haben. Diß kommt also allein von dem eigenthümlichen Interesse dieser Spiele her.

Und diß soll nun zugleich die Erklärung davon seyn, warum in unsern Spielen so viel Kriegerisches ist.

Auch ist es möglich und vielleicht nicht ganz unwahrscheinlich, daß diese Spiele bei ihrer ersten Erfindung eben deswegen diese kriegerische Einrichtung bekommen haben, um etwa die Jugend mit den Vorstellungen von Krieg und Streit bekannter zu machen, ihr Lust dazu einzuflösen, sie dazu aufzumuntern, und ihren Muth zu erweken — Vielleicht waren sie ursprünglich blos für die Jugend bestimmt, und wurden vielleicht, — was sich etwan aus einigen Kennzeichen ihres Alters schliessen läßt —

zu

zu einer Zeit erfunden, wo Lust, Muth und Entschlossenheit zum Kriege für die vornehmste Tugend der Jünglinge gehalten wurde. Vielleicht schreibt sich ihr Ursprung, um der Damen willen, die dabei immer mitstreiten, noch von den Zeiten der Amazonen her. Und da könnte es dann seyn, daß ihnen auch um deswillen diese Einrichtung gegeben worden wäre. Doch will ich dieses für gar nichts weiter als für zufällige Hypothese ausgeben.

Beiläuffig muß ich hier noch folgende Beobachtung anführen: Man bemerkt, daß ofters sehr eingeschränkte Köpfe Karten- und andere Spiele, selbst das Schach-Spiel, mit ungemeiner Fertigkeit und sehr gut spielen, andere hingegen, die jenen an Verstandes-Kräften weit überlegen sind, es mit aller Anstrengung nicht bis zu der erforderlichen Geschiklichkeit bringen können. Woher mag das kommen? — Es scheint ein Beweis zu seyn, daß auch bei denjenigen Spielen, die wirkliche Anstrengung des Verstandes zu erfordern, und ein Geschäfft unserer Denkkraft zu seyn scheinen, doch die Grundlage nur ein gewisser Mechanismus ist, der mit den Kräften des Verstandes in keiner Verbindung steht.

Drukfehler.

S. 5. L. 4. statt: aufwerfen. Was nüzen ꝛc; lis: aufwerfen: was nüzen ꝛc.
    L. 14. st. nun l. um
S. 8. L. 9. st. Gelehrten l. Gelehrter
S. 21. L. 1. mus vermögend seyn ausgestrichen werden.
S. 23. L. 15. st. studium l. Studium
    Ebendas. mus das Comma nach Studium weggestrichen werden.
S. 34. L. 12. st. sagnuinischen l. sanguinischen
S. 45. L. 12. st. in l. im
    L. 14. st. Bauern l. Bauer
S. 47. L. 2. von unten, st. philosophischen l. philosophische
S. 48. L. 17. mus das Comma nach Ueberdruß weggestrichen werden.
S. 60. L. 15. st. Kräften l. Kräfte
S. 61. L. 3. u. 15. eben so.
S. 63. L. 11. st. Daß l. daß
S. 67. L. 3. von unten, st. davon l. daran
S. 74. L. 12. st. eine l. die
S. 80. L. 7. st. Ernde=Serien l. Ernde Serien
S. 82. L. ult. mus das Comma nach damals weggestrichen werden.
S. 100. L. 10. st. stellte l. stelle
S. 104. L. 9. mus nach Werloff ein Comma gesezt werden.
S. 127. L. 17. st. Geschichte l. Geschichten
S. 131. L. 16. st. öfters l. östern
S. 148. L. 13. st. der l. Der
S. 158. L. 3. von unt. st. möglichst l. möglichste
S. 171. L. 6. st. Kräften l. Kräfte
S. 192. L. ult. st. uns l. mus
S. 309. L. 9. st. wirklichen l. wirkliche
    L. 10. st. leblosen l. leblose.

www.ingramcontent.com/pod-product-compliance
Lightning Source LLC
Chambersburg PA
CBHW032033220426
43664CB00006B/460